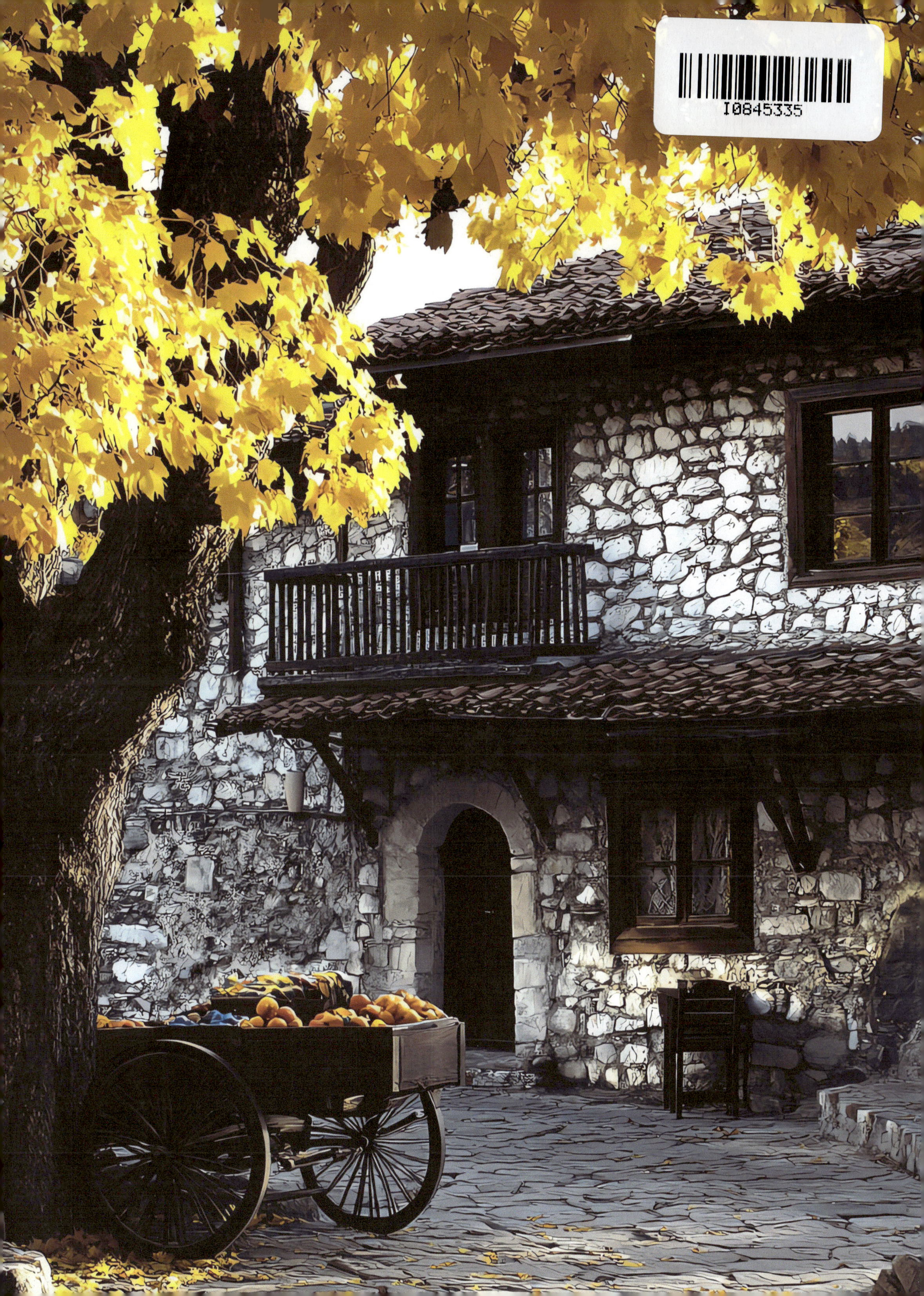

I0845335

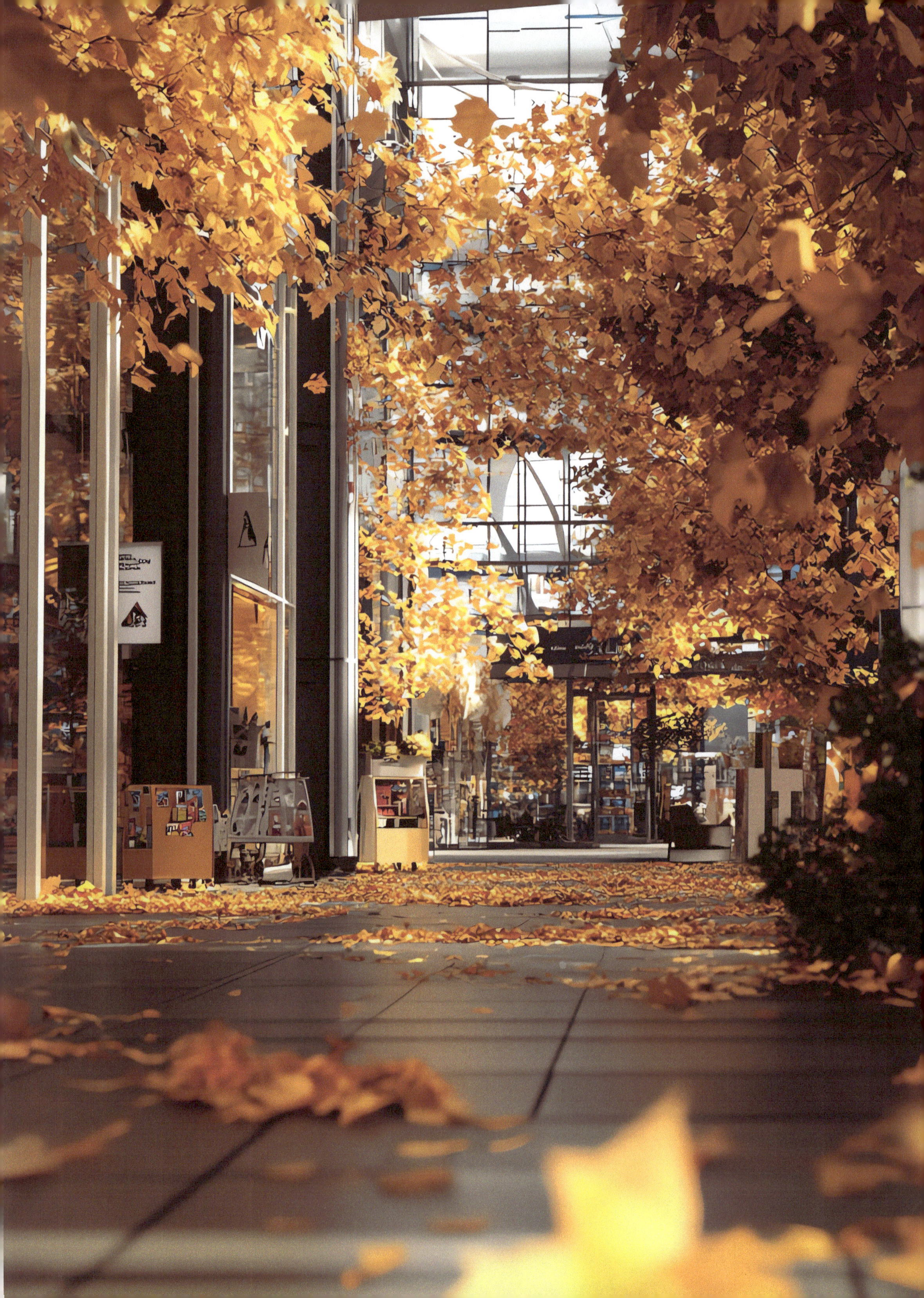

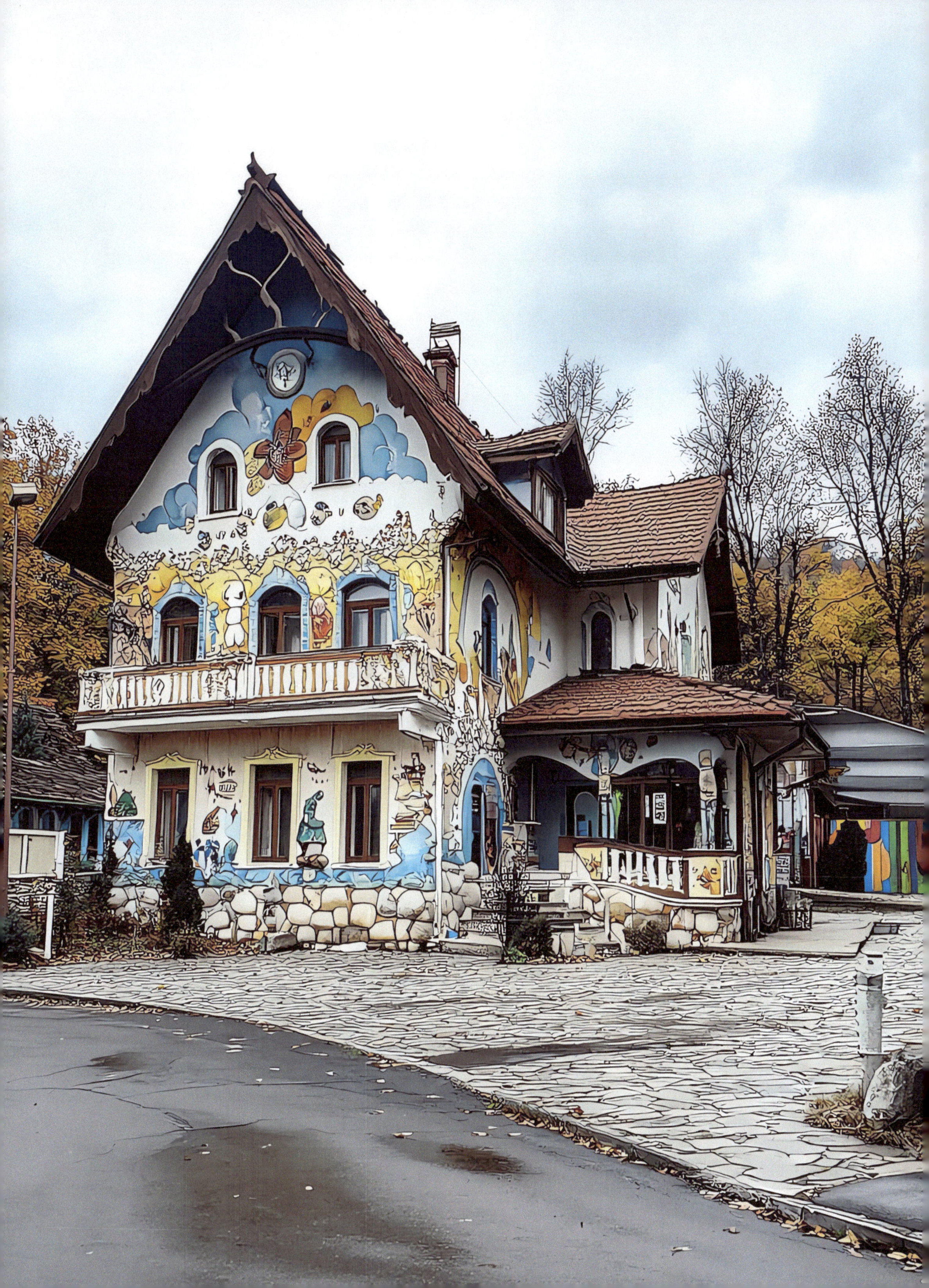

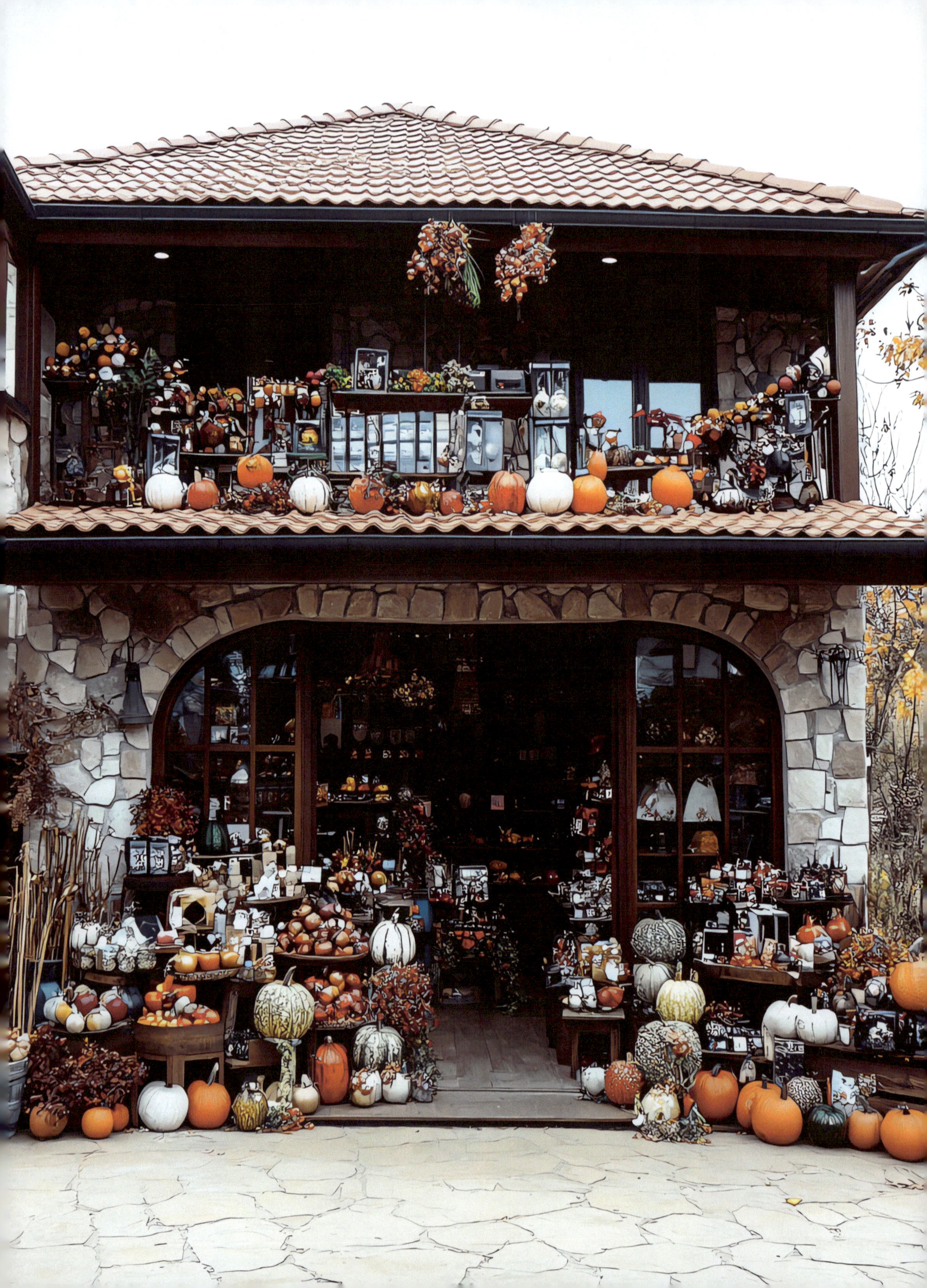

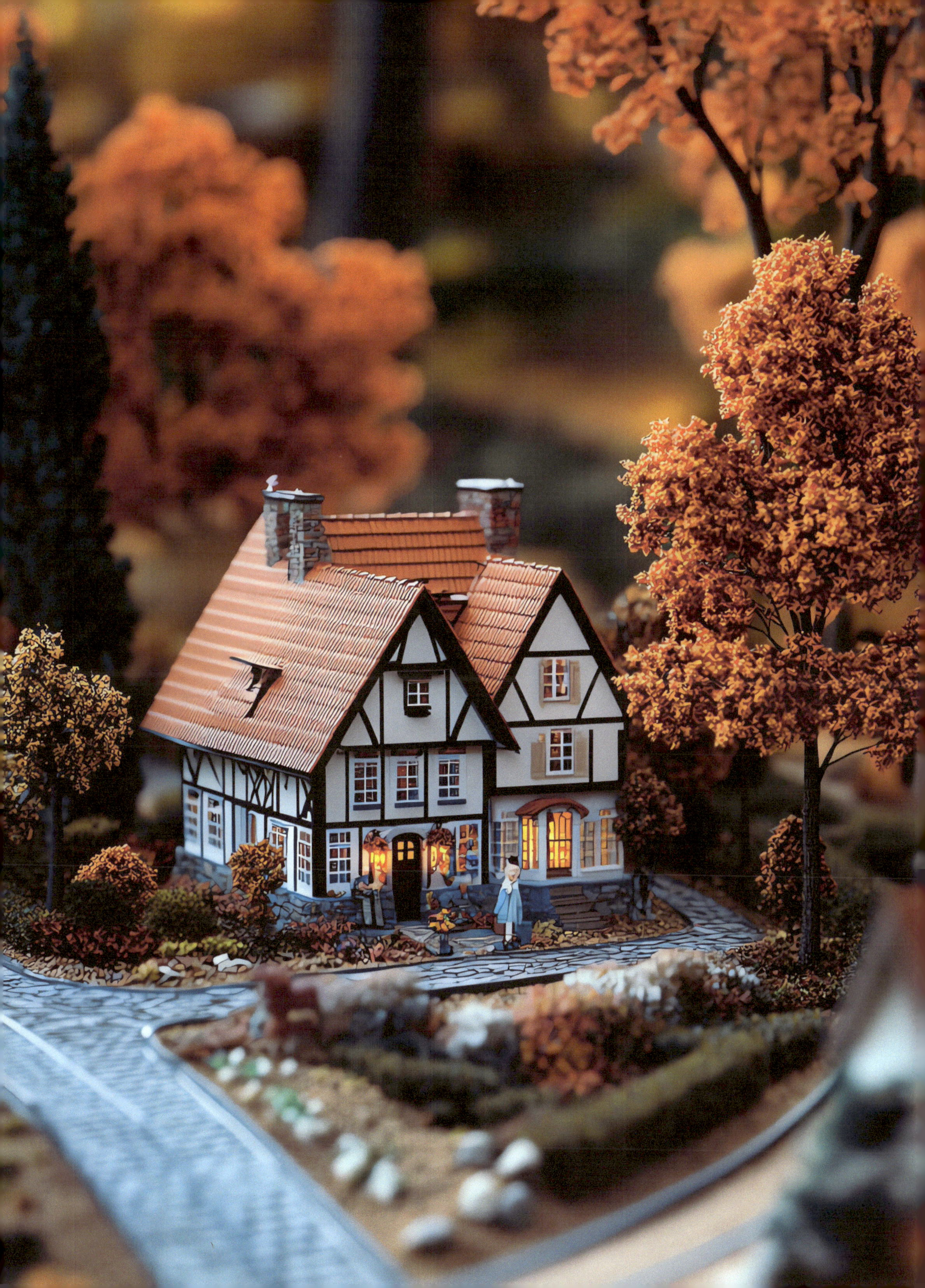

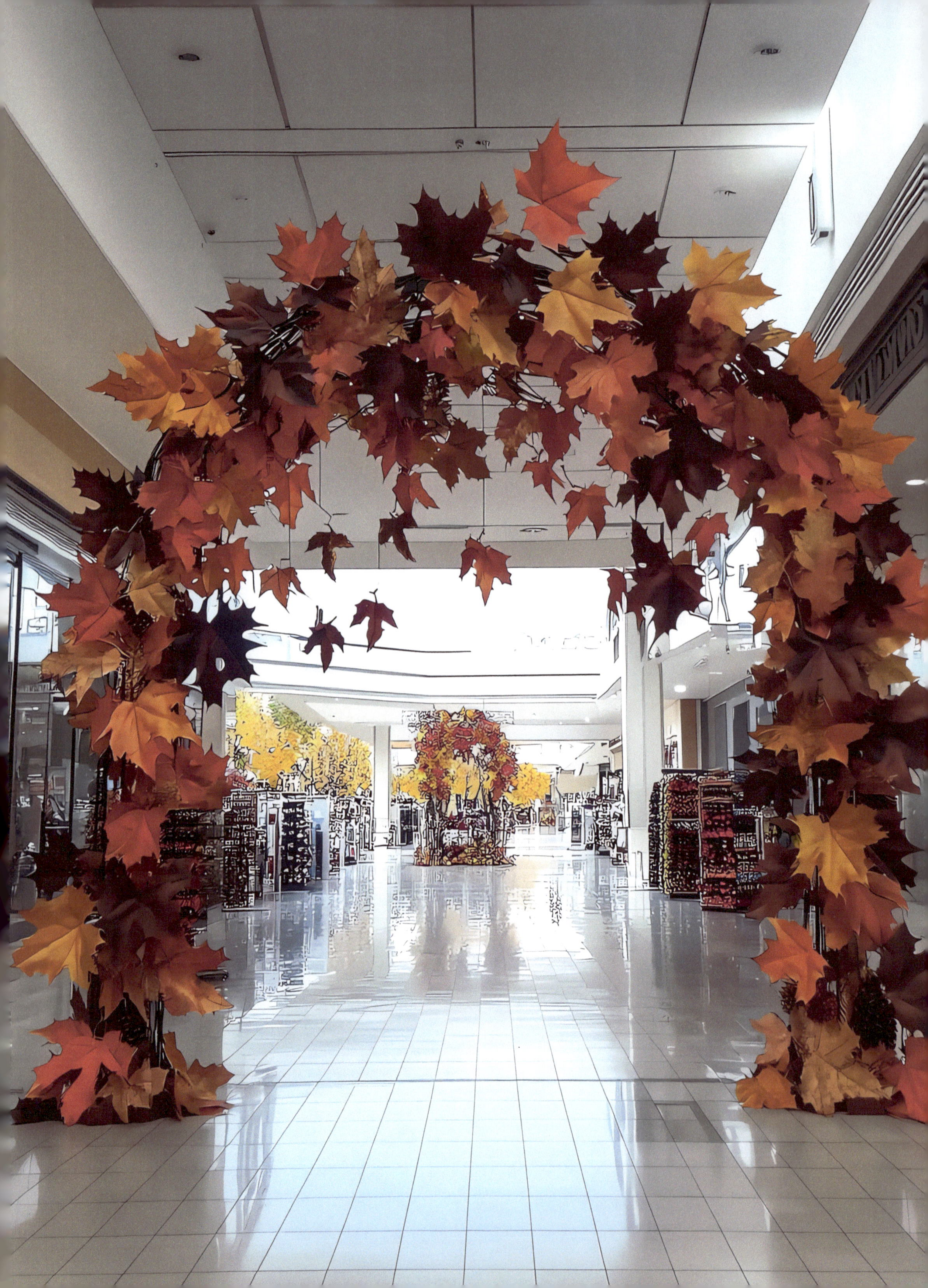

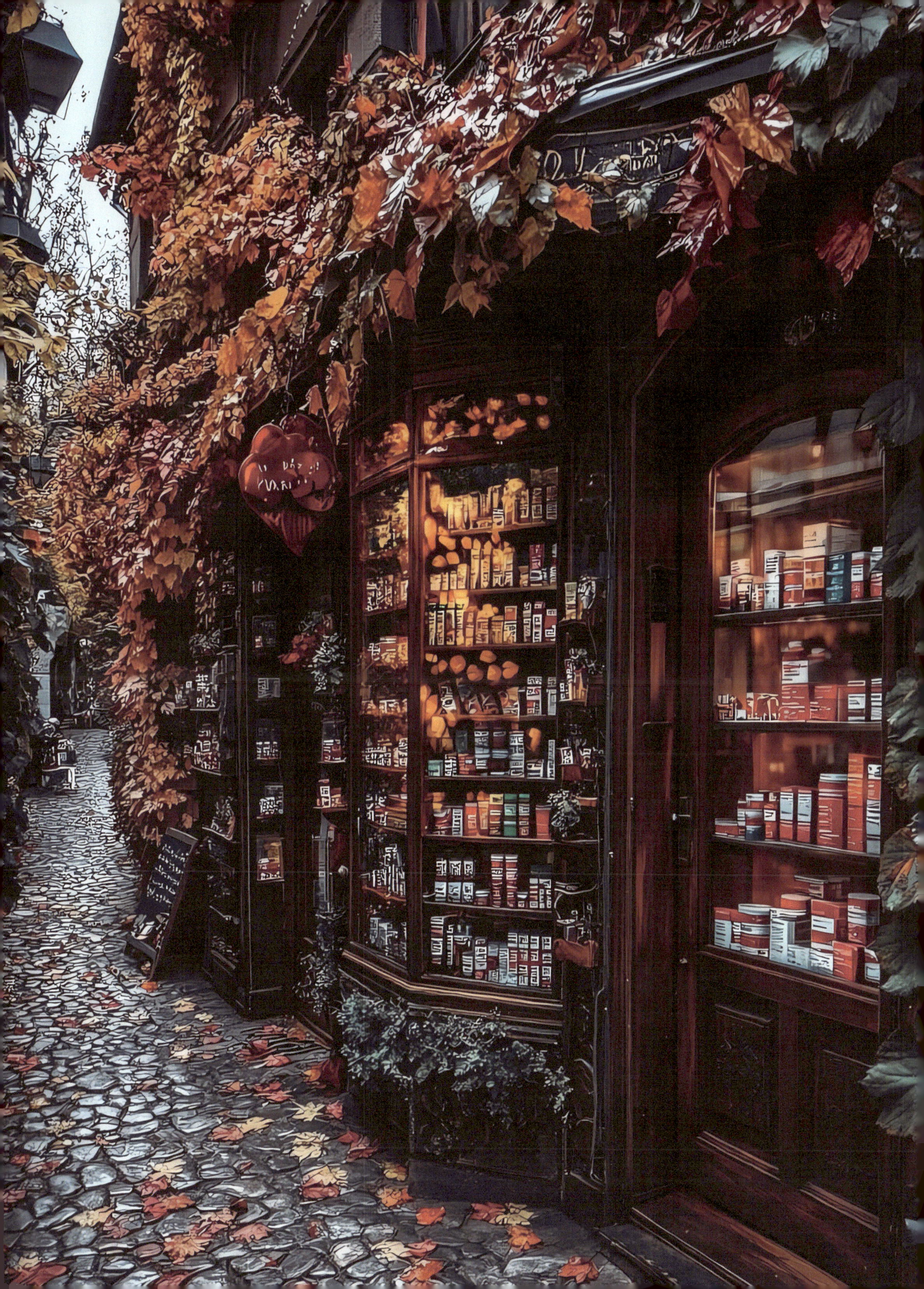

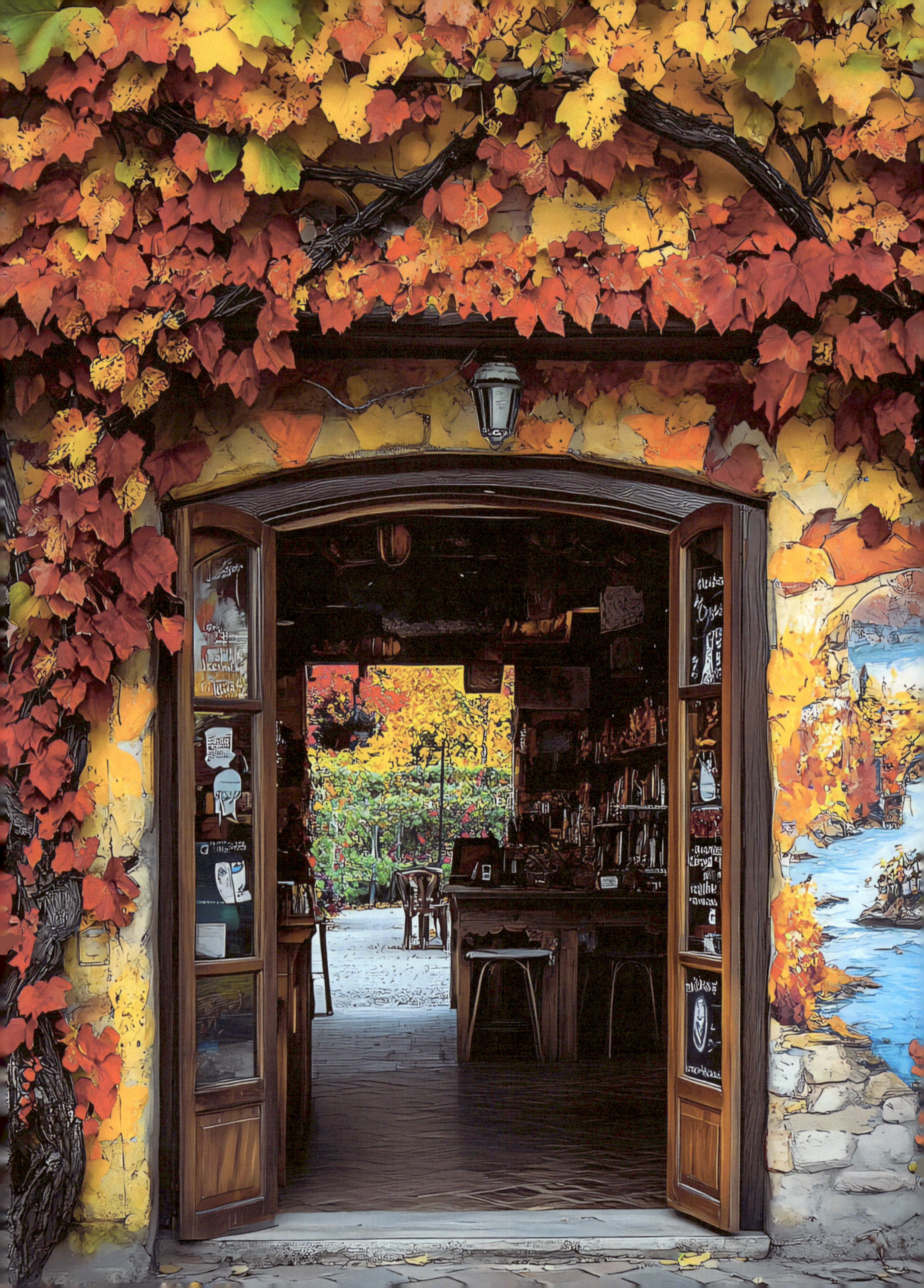

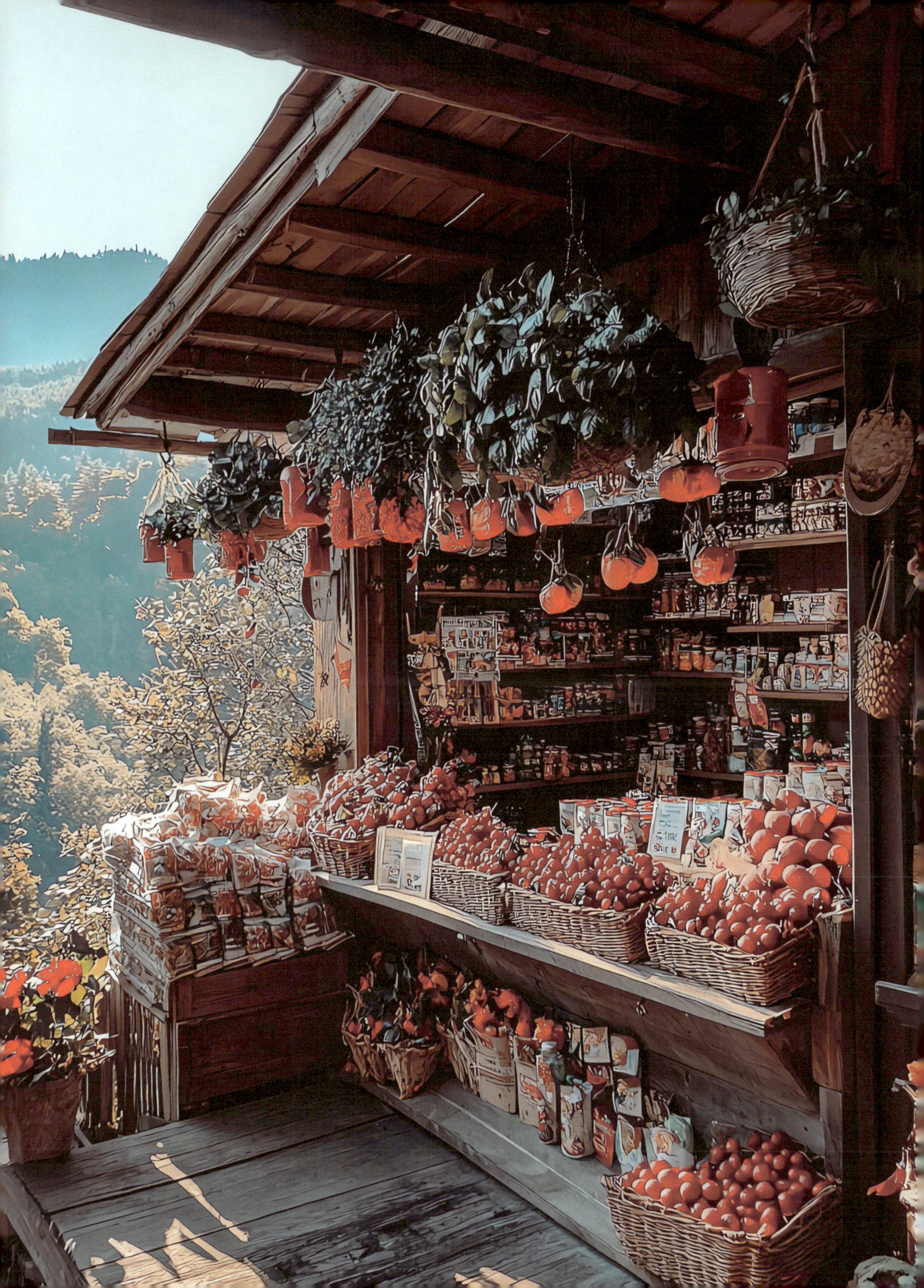

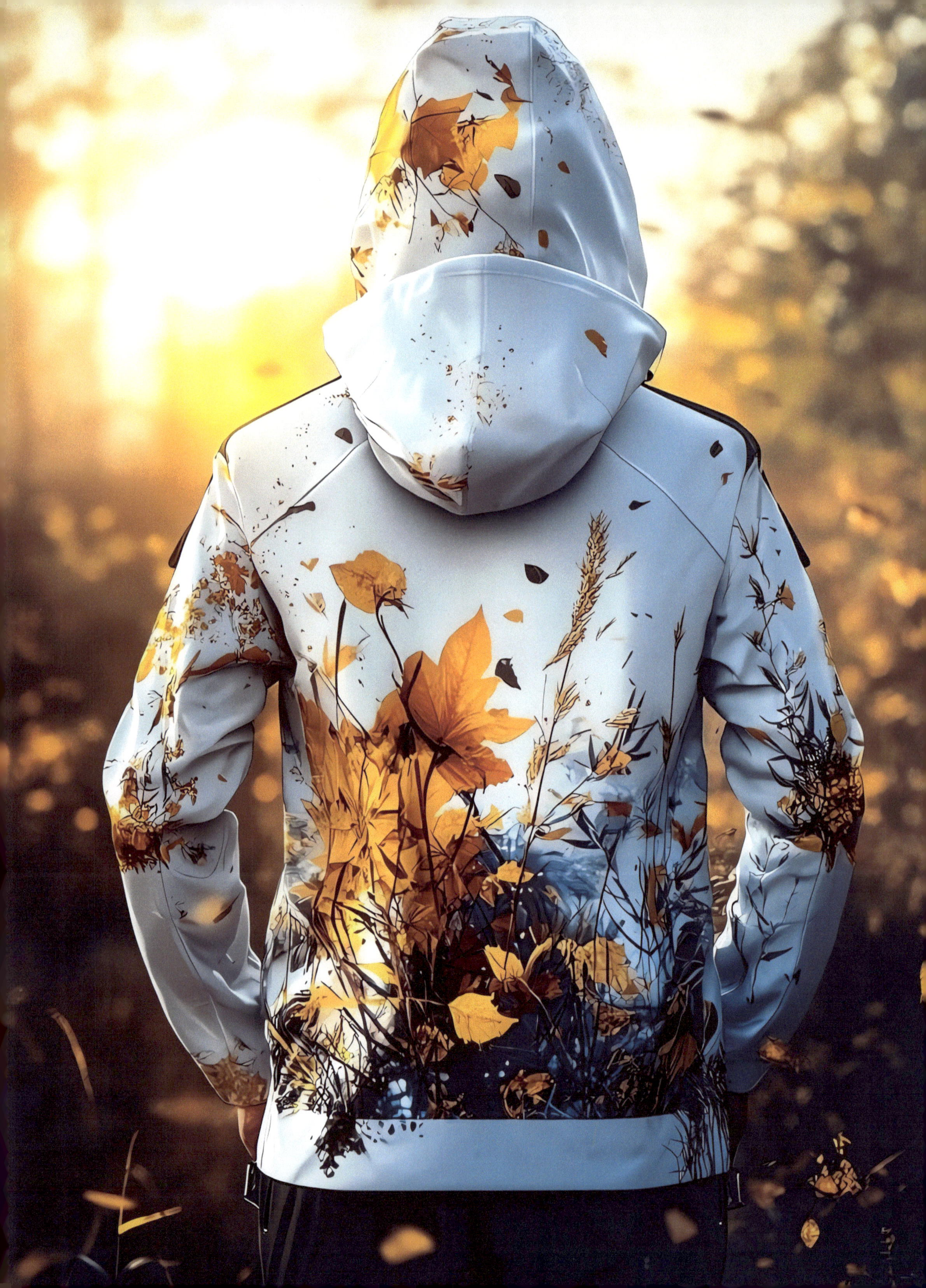

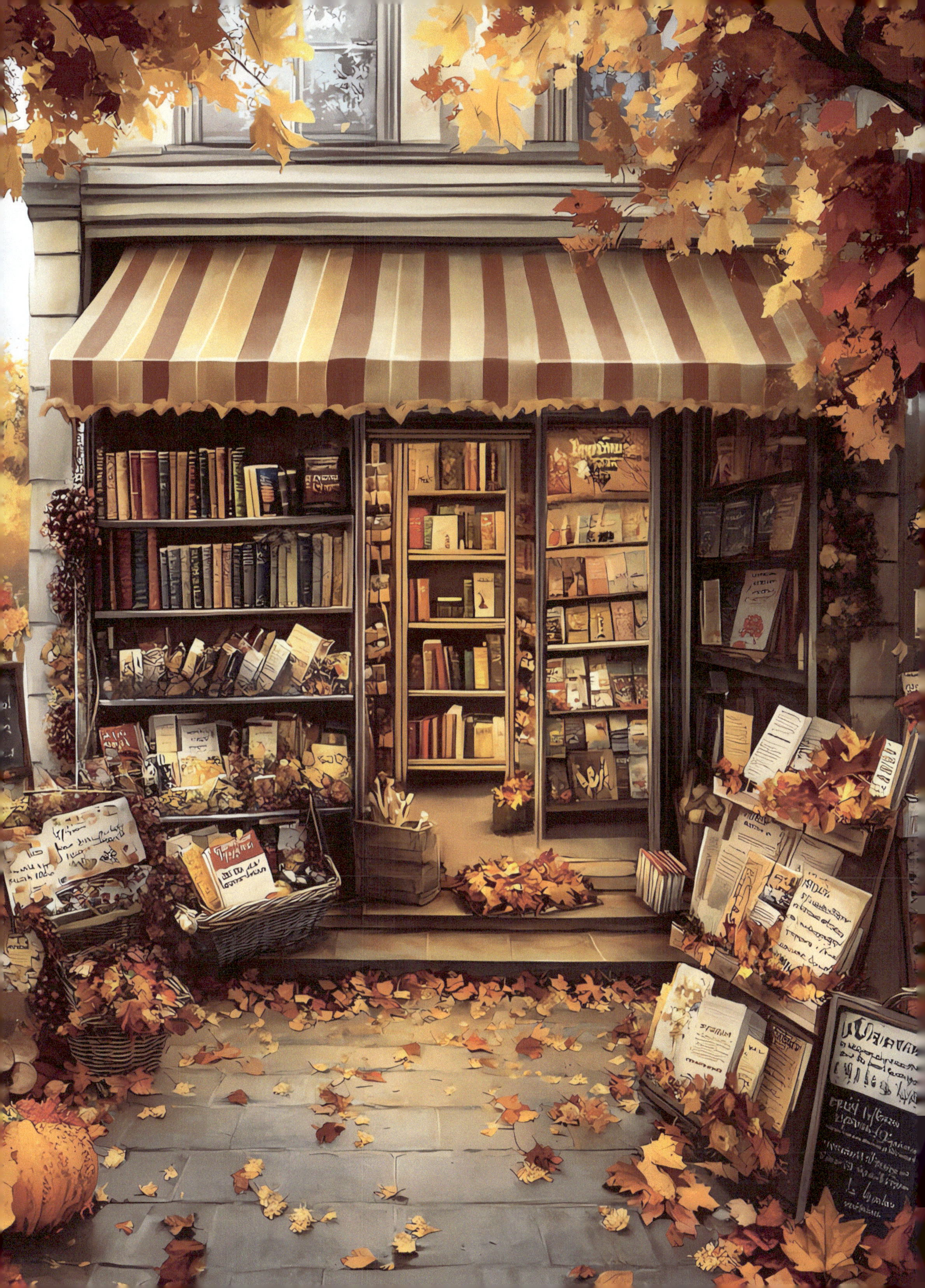

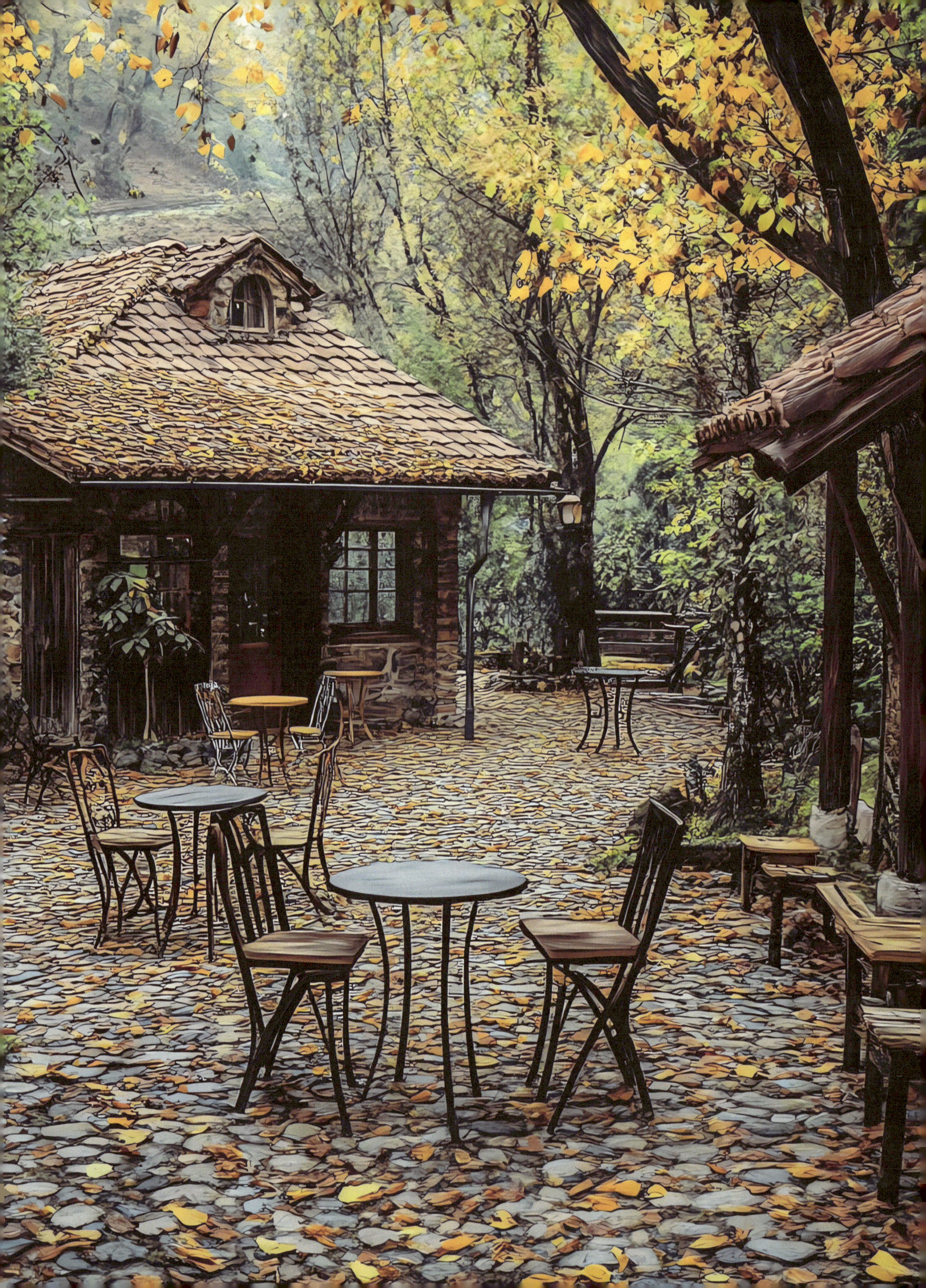

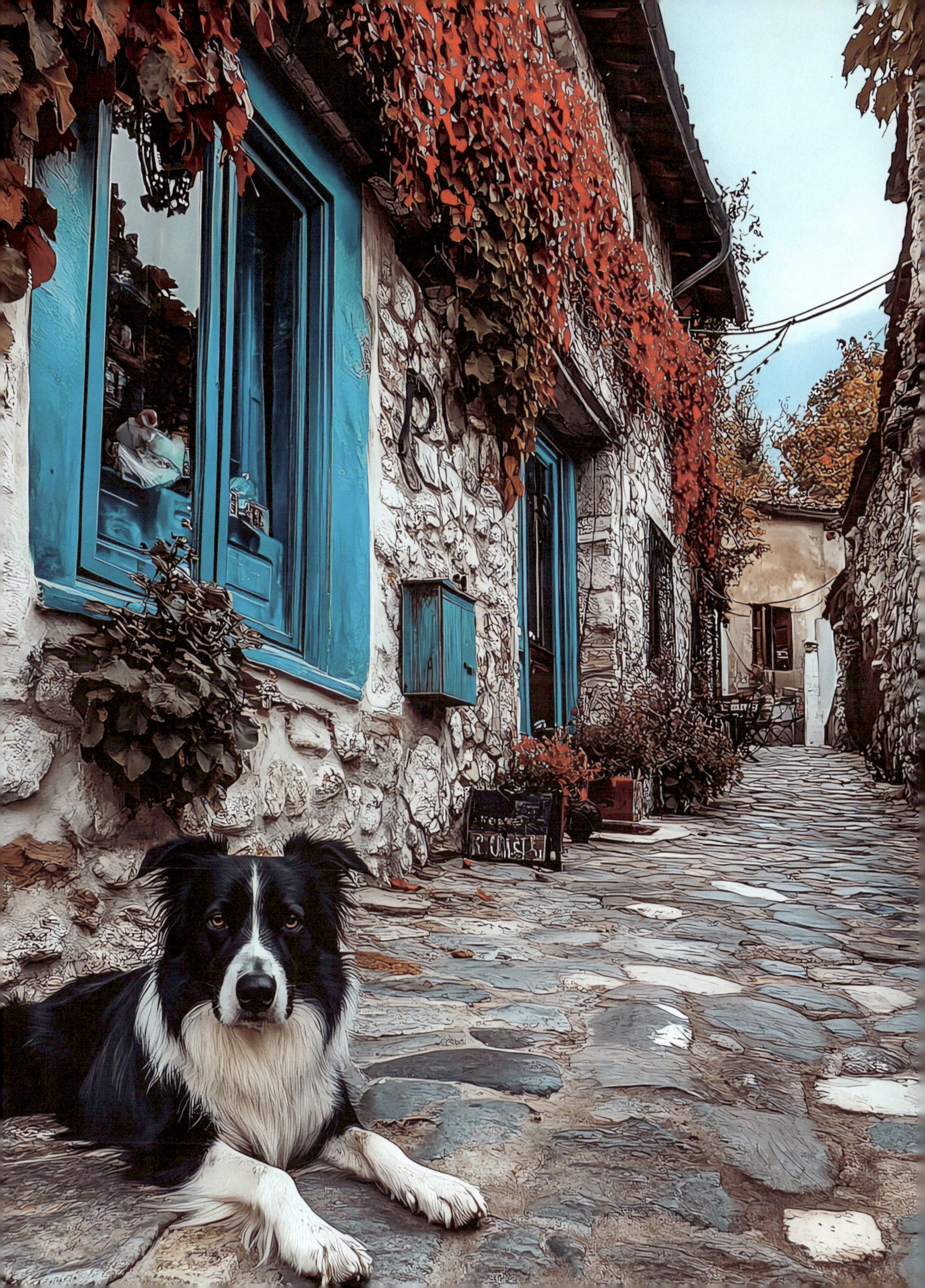

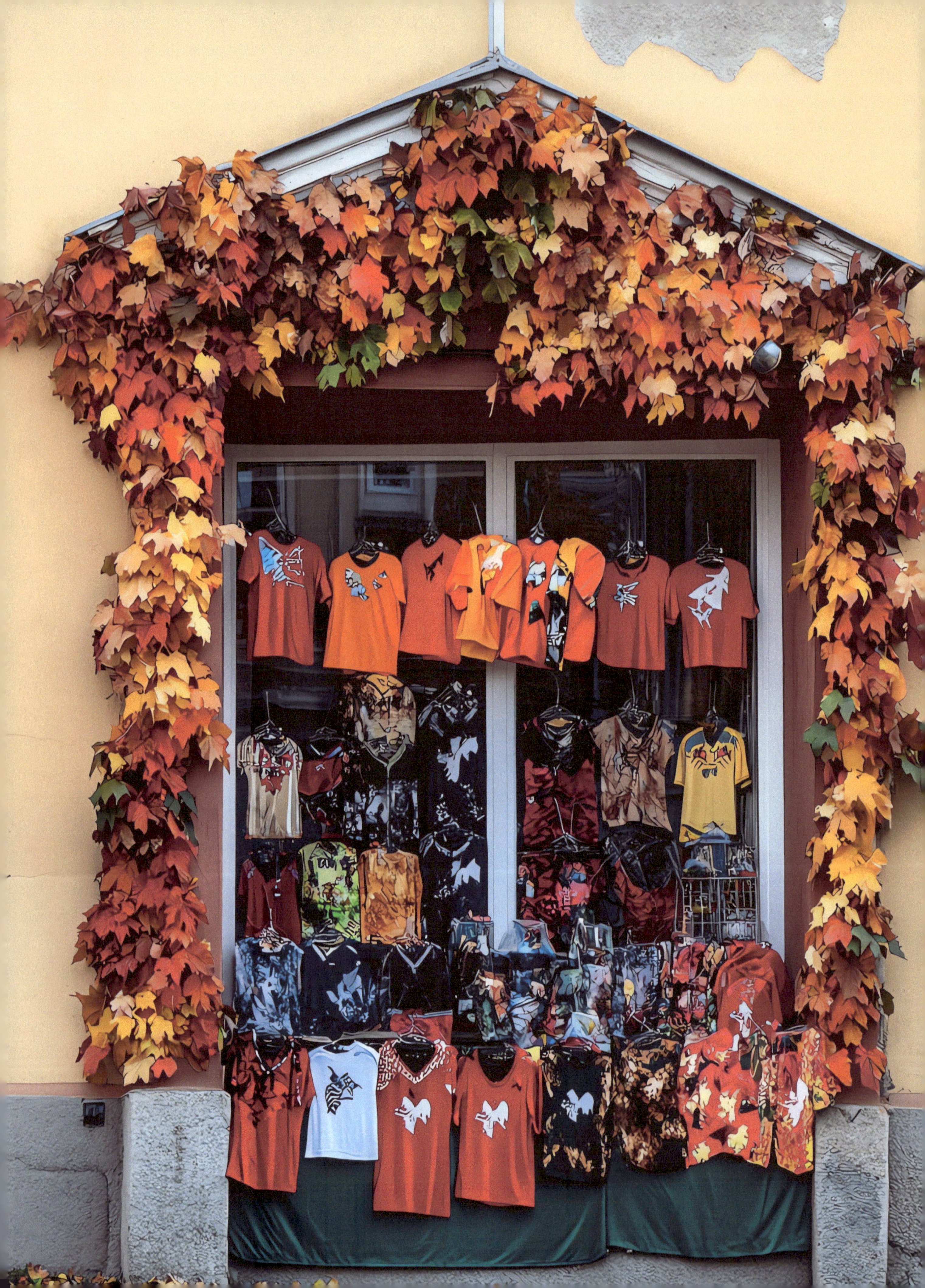

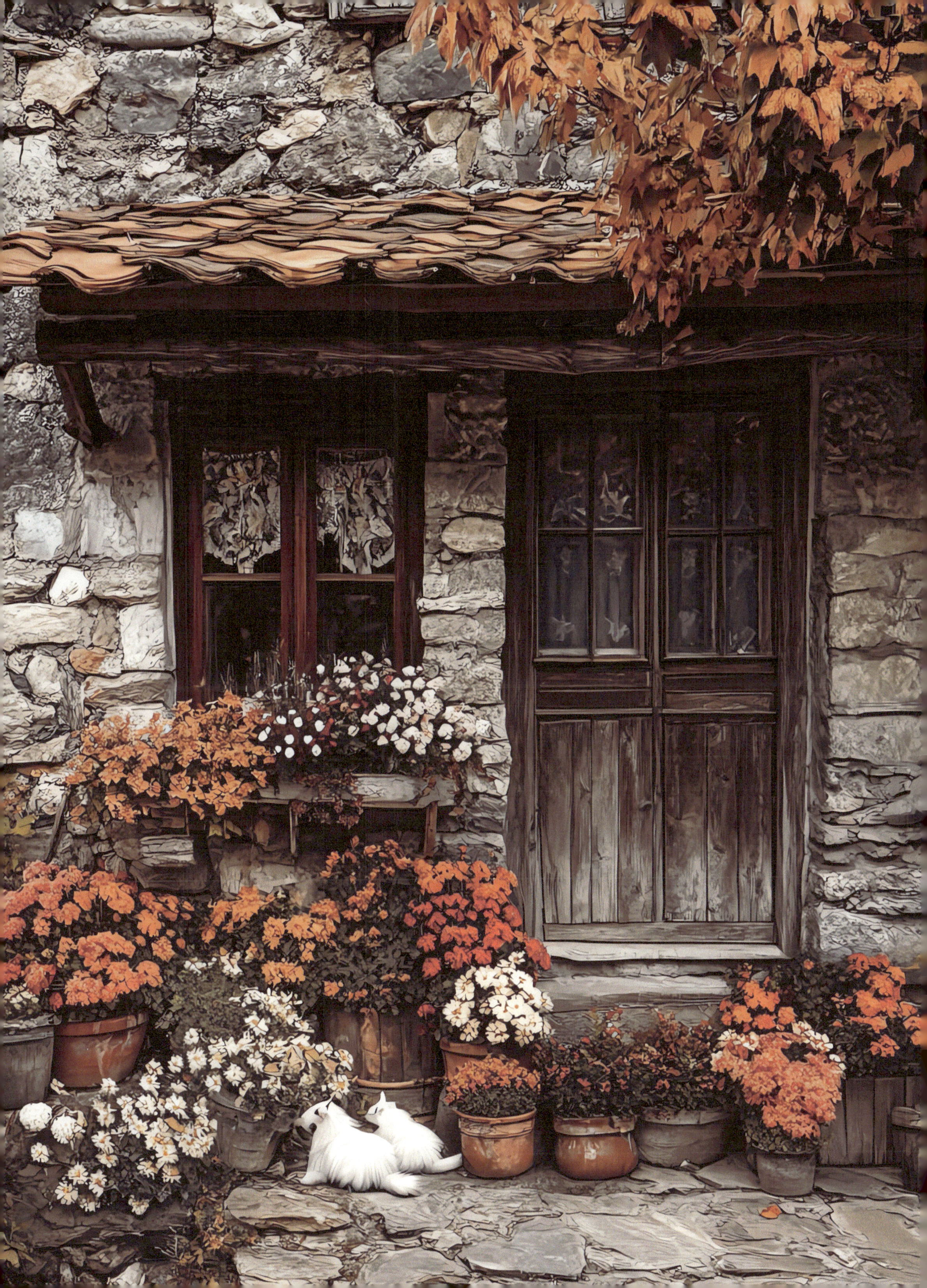

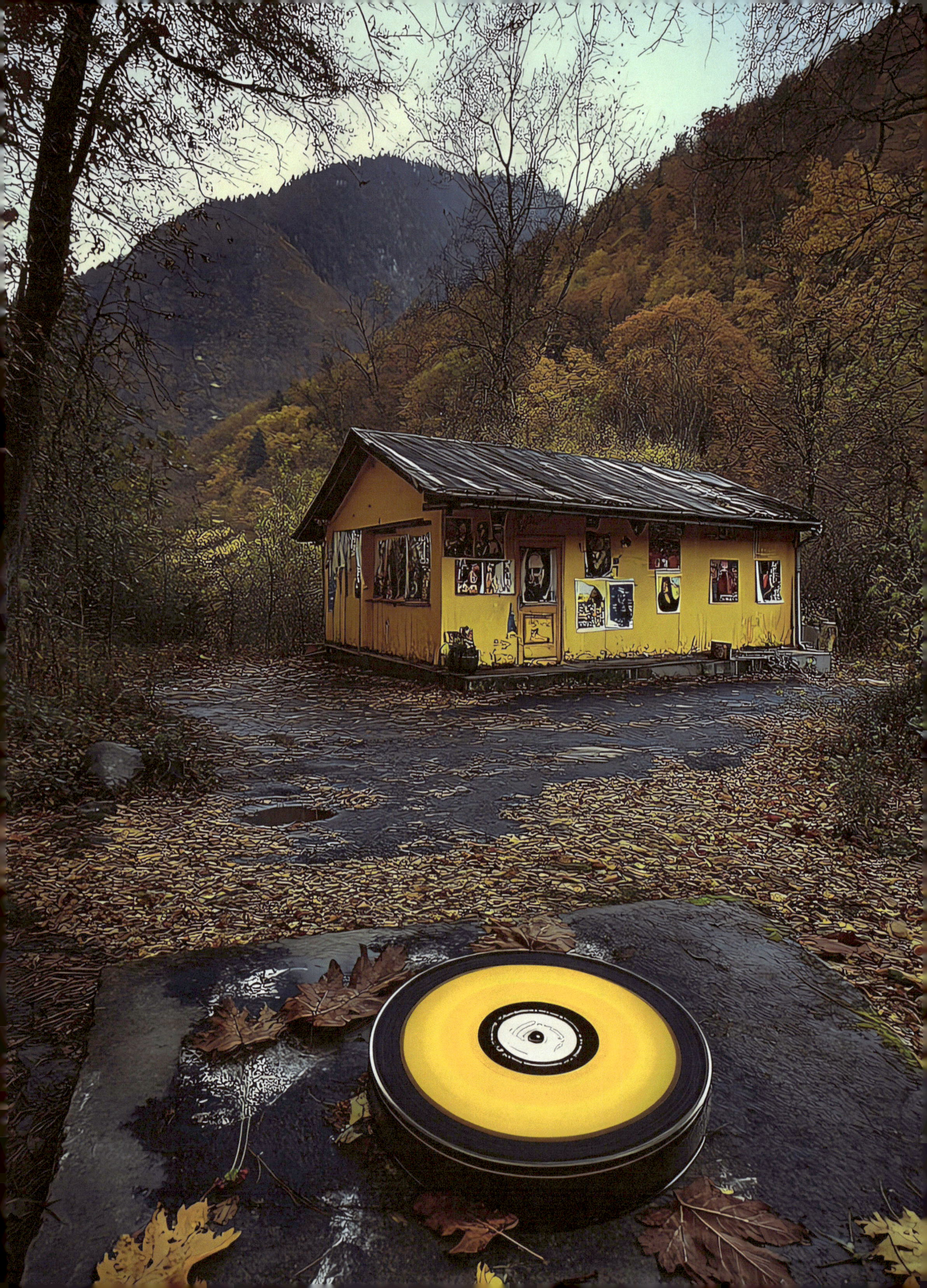

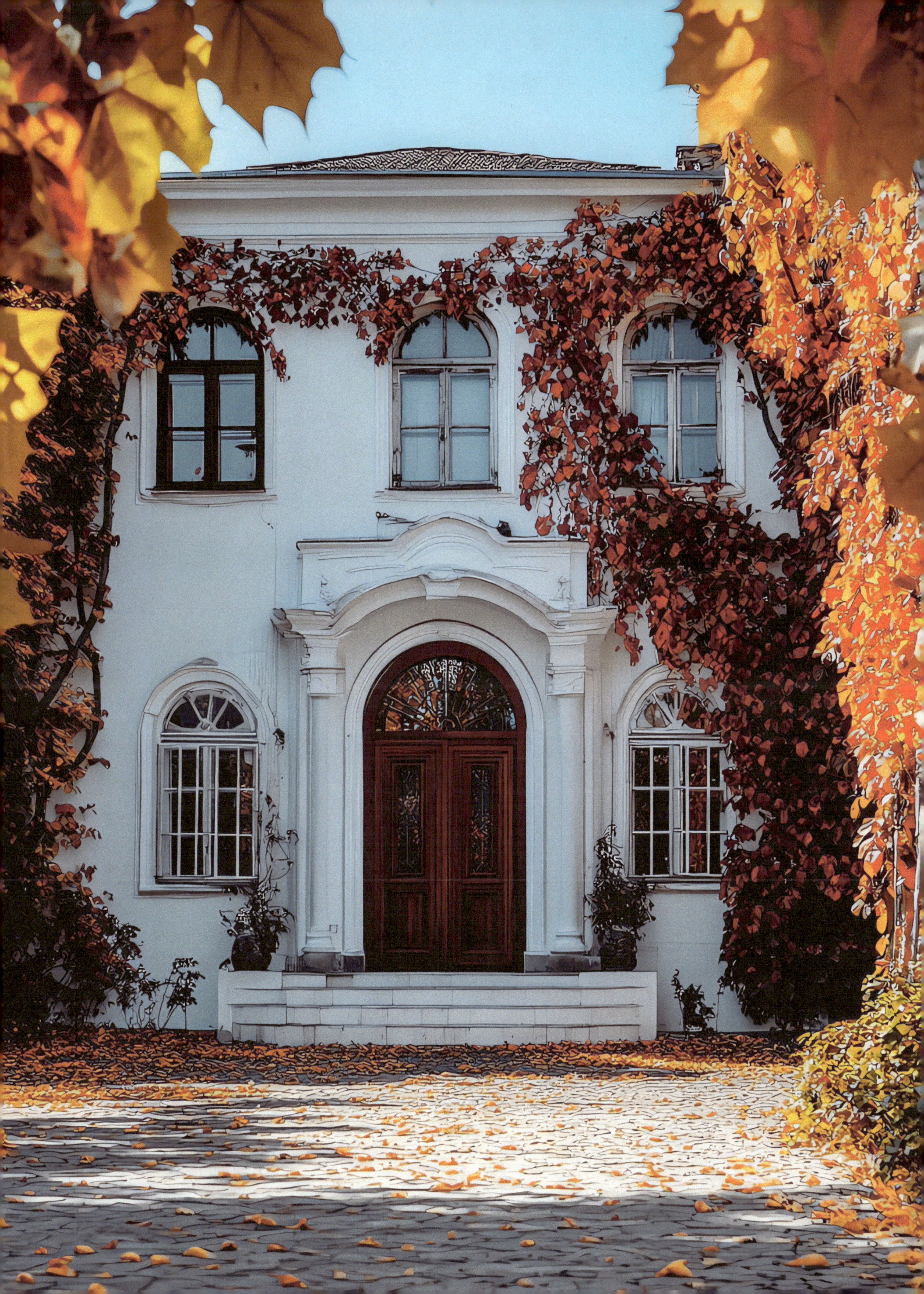

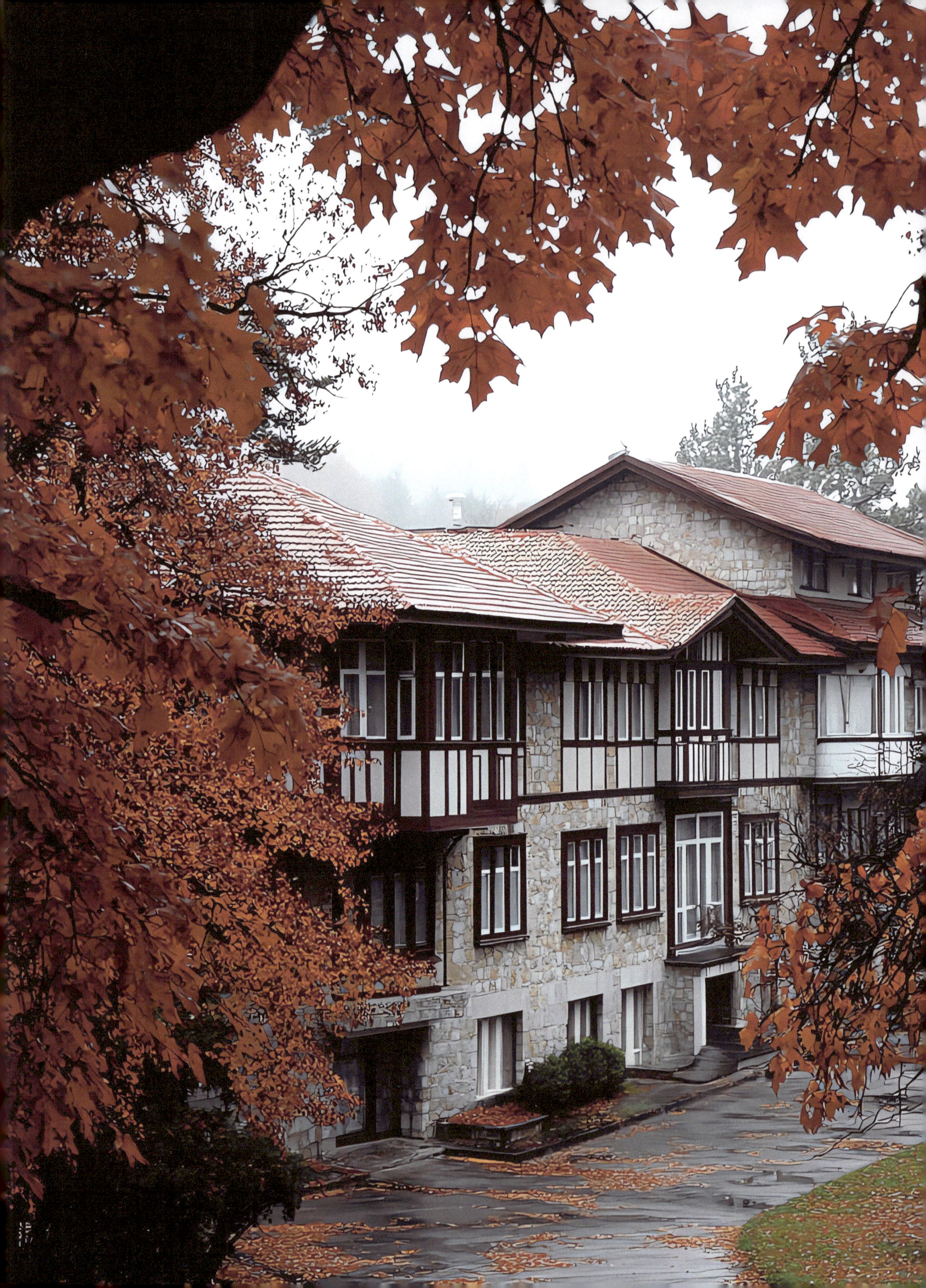

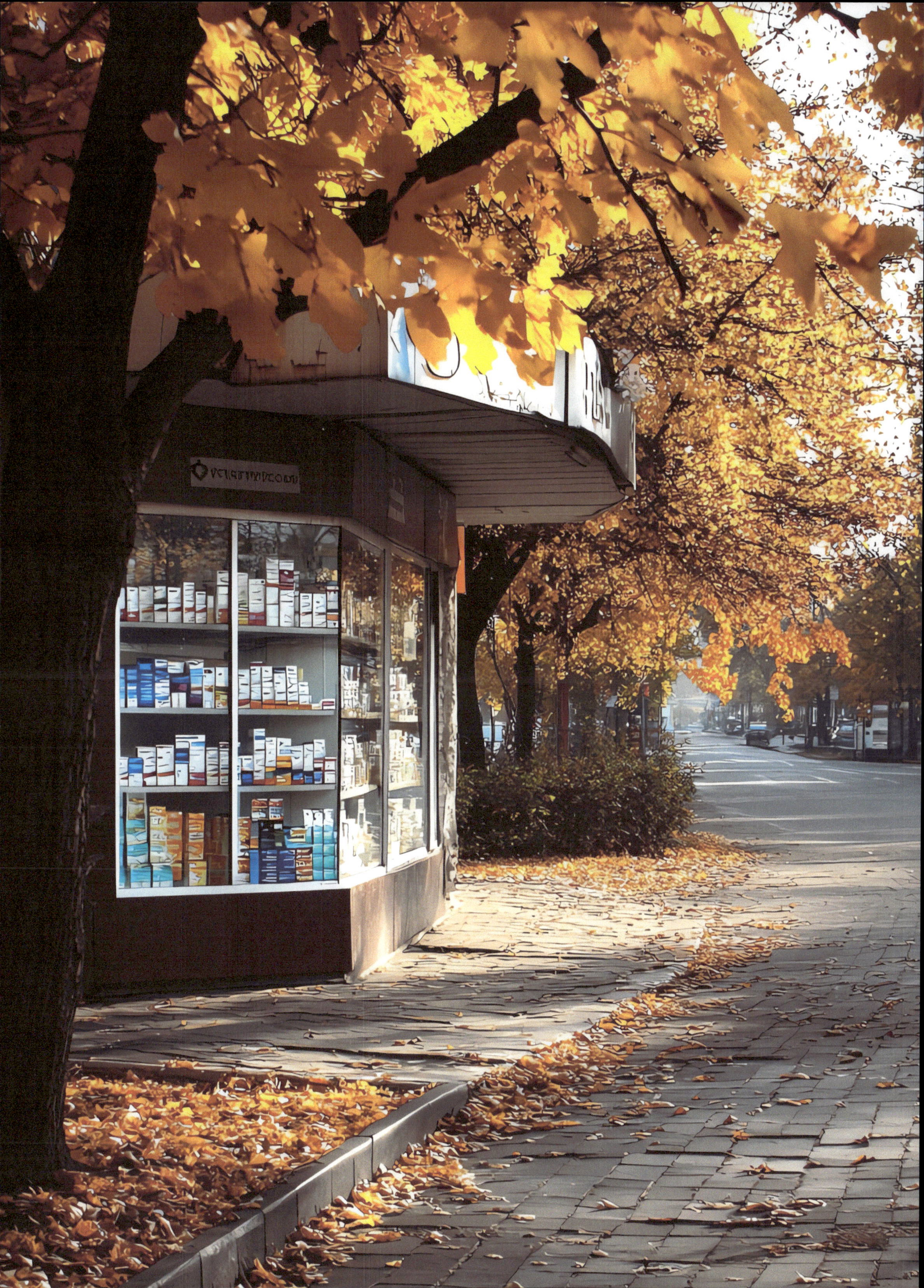

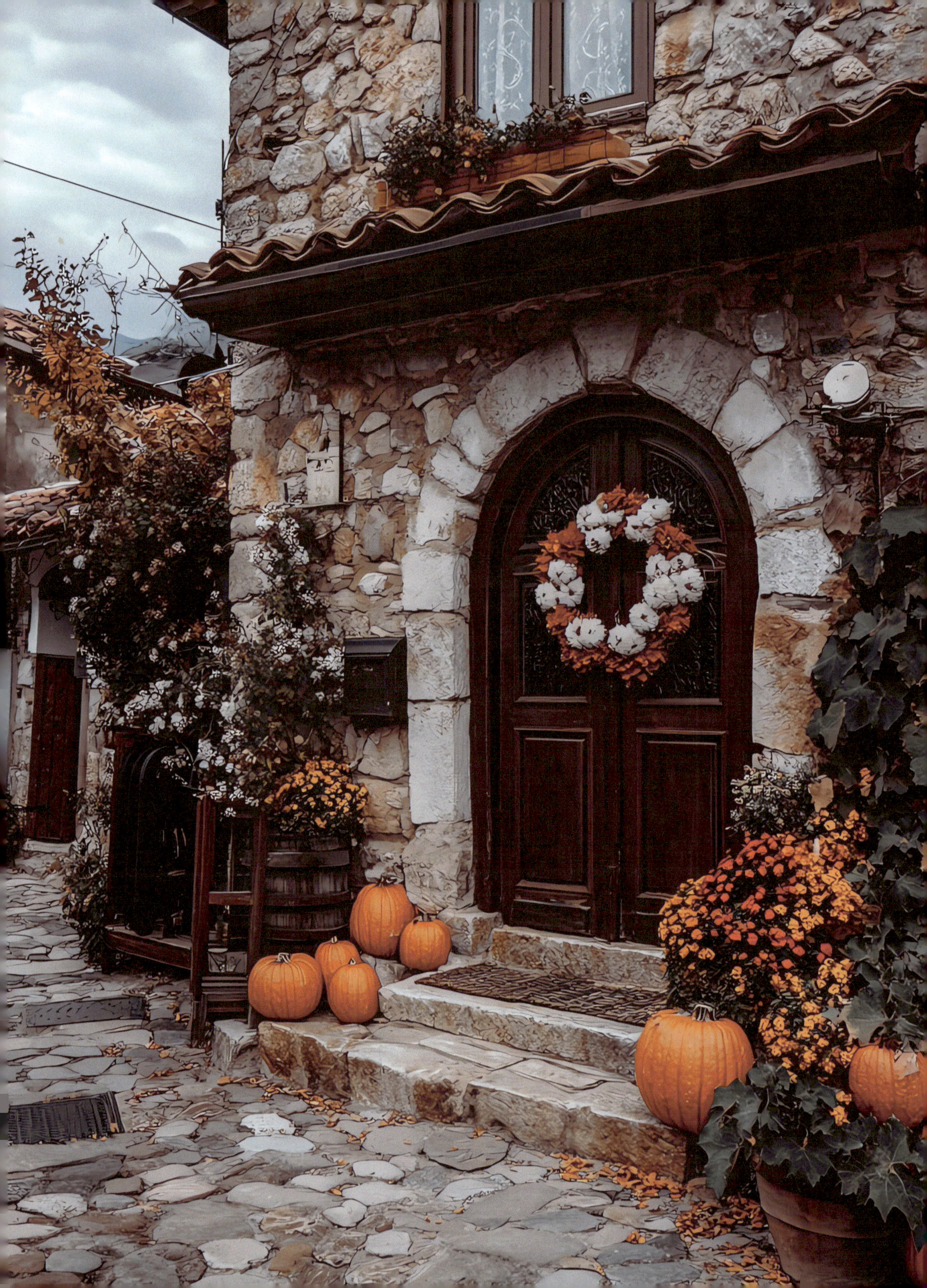

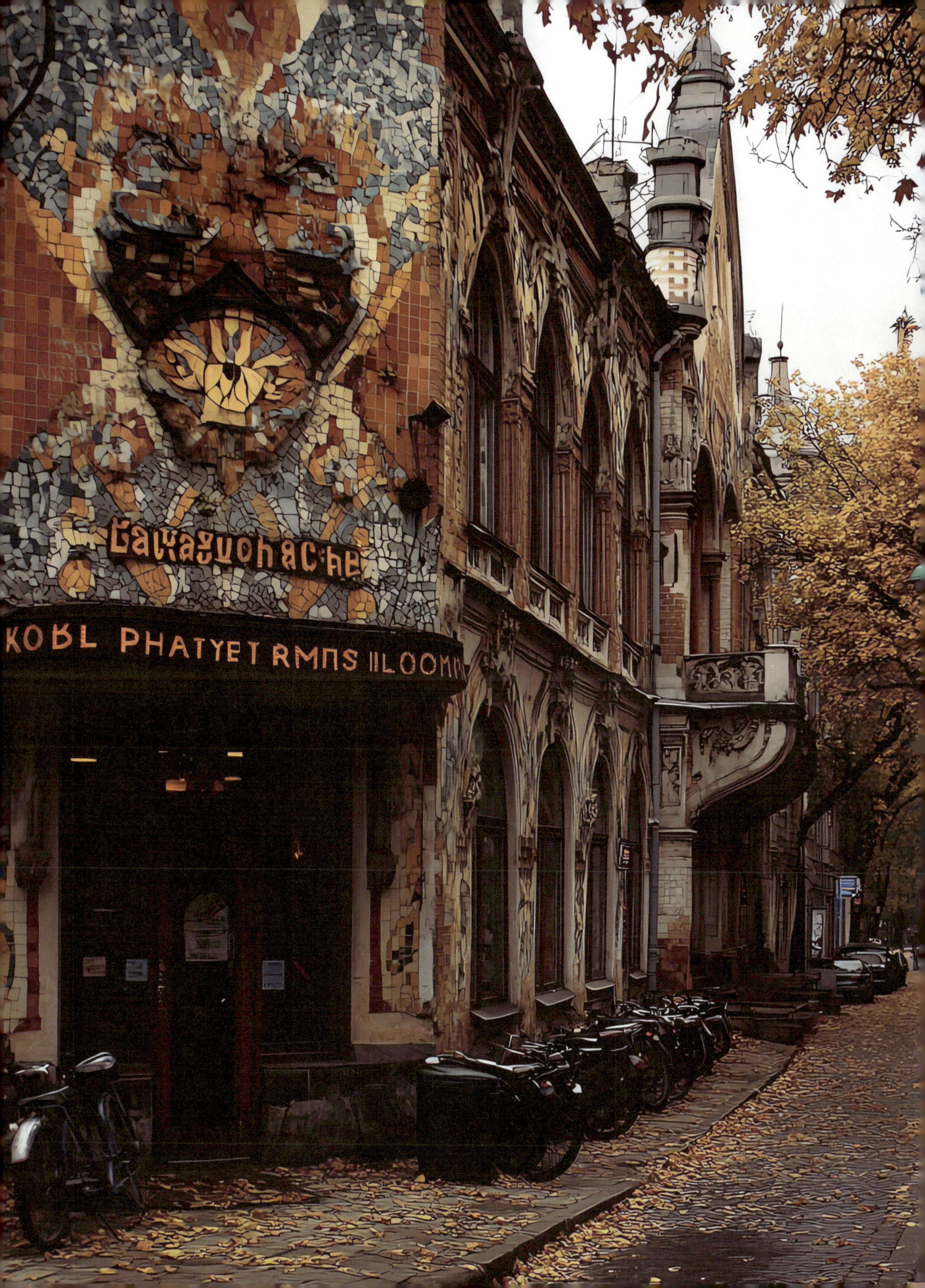

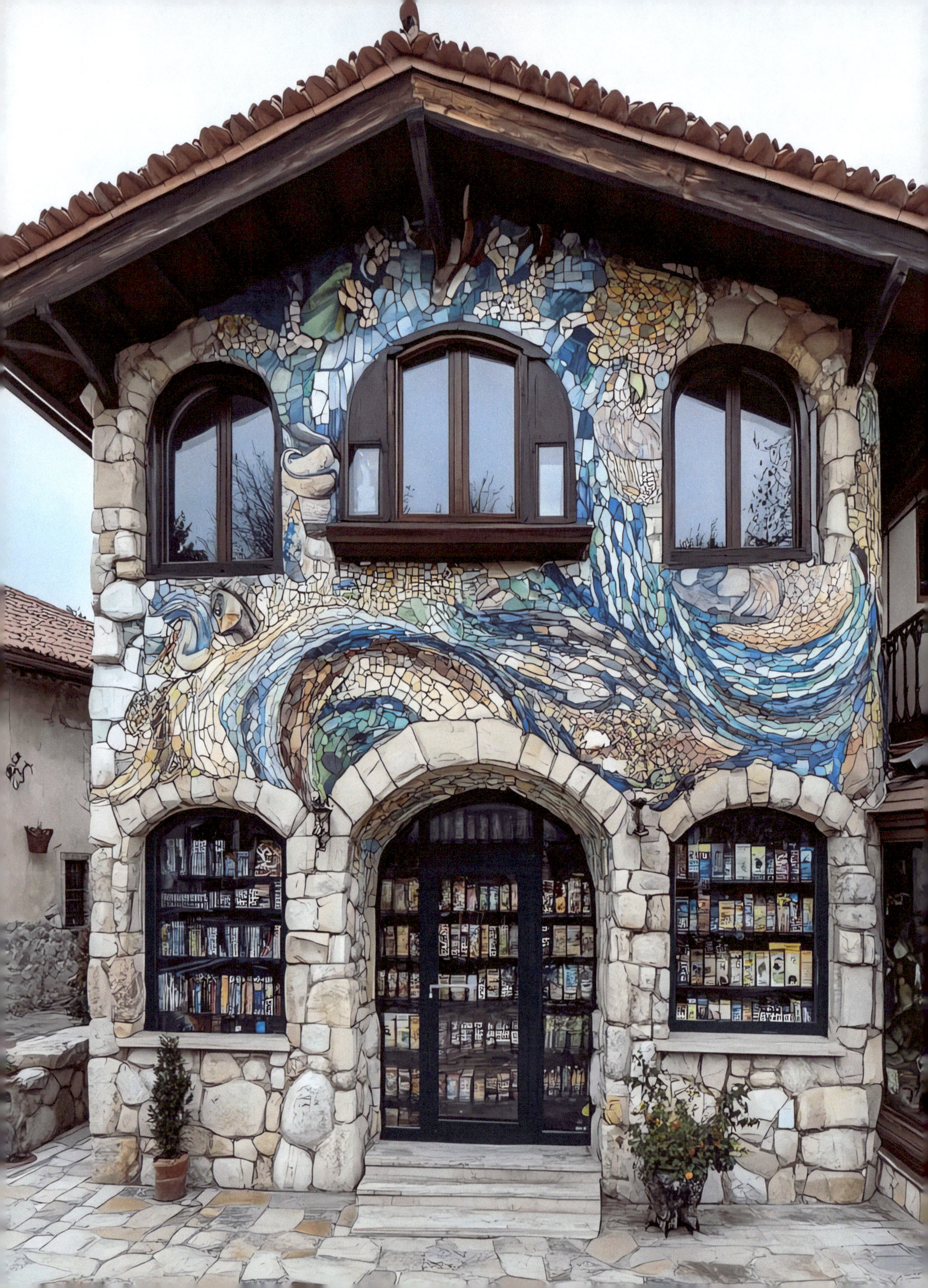

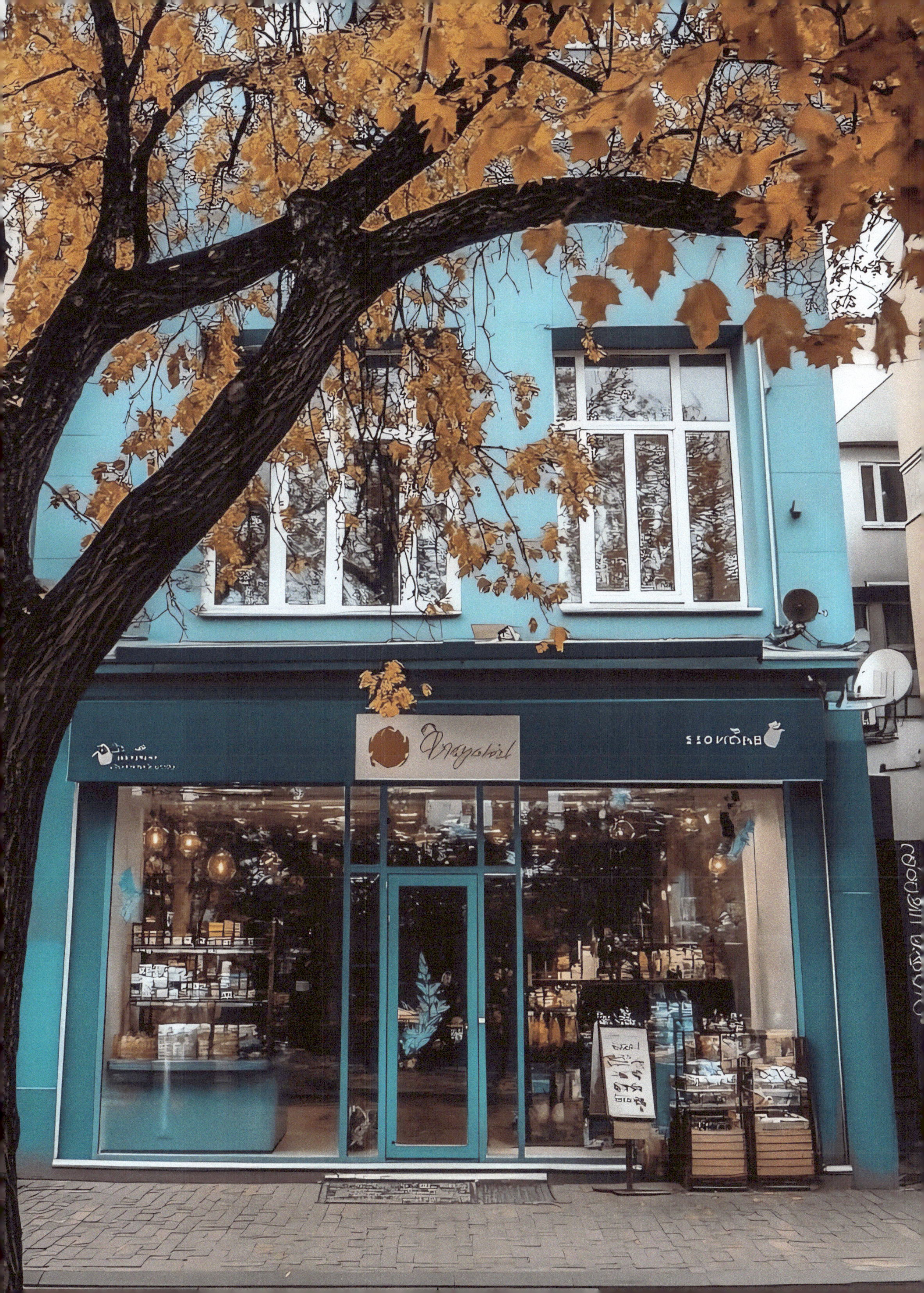

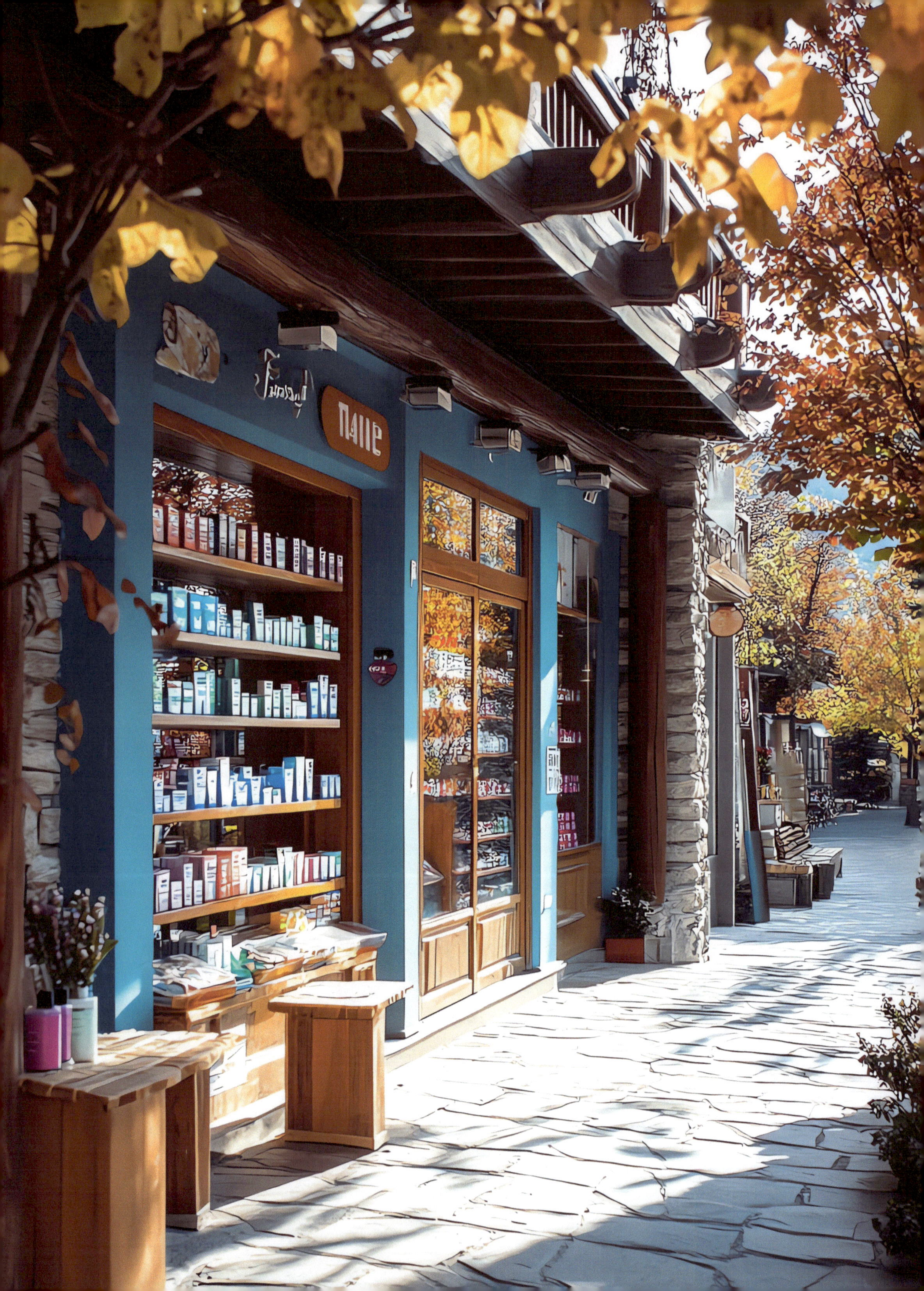

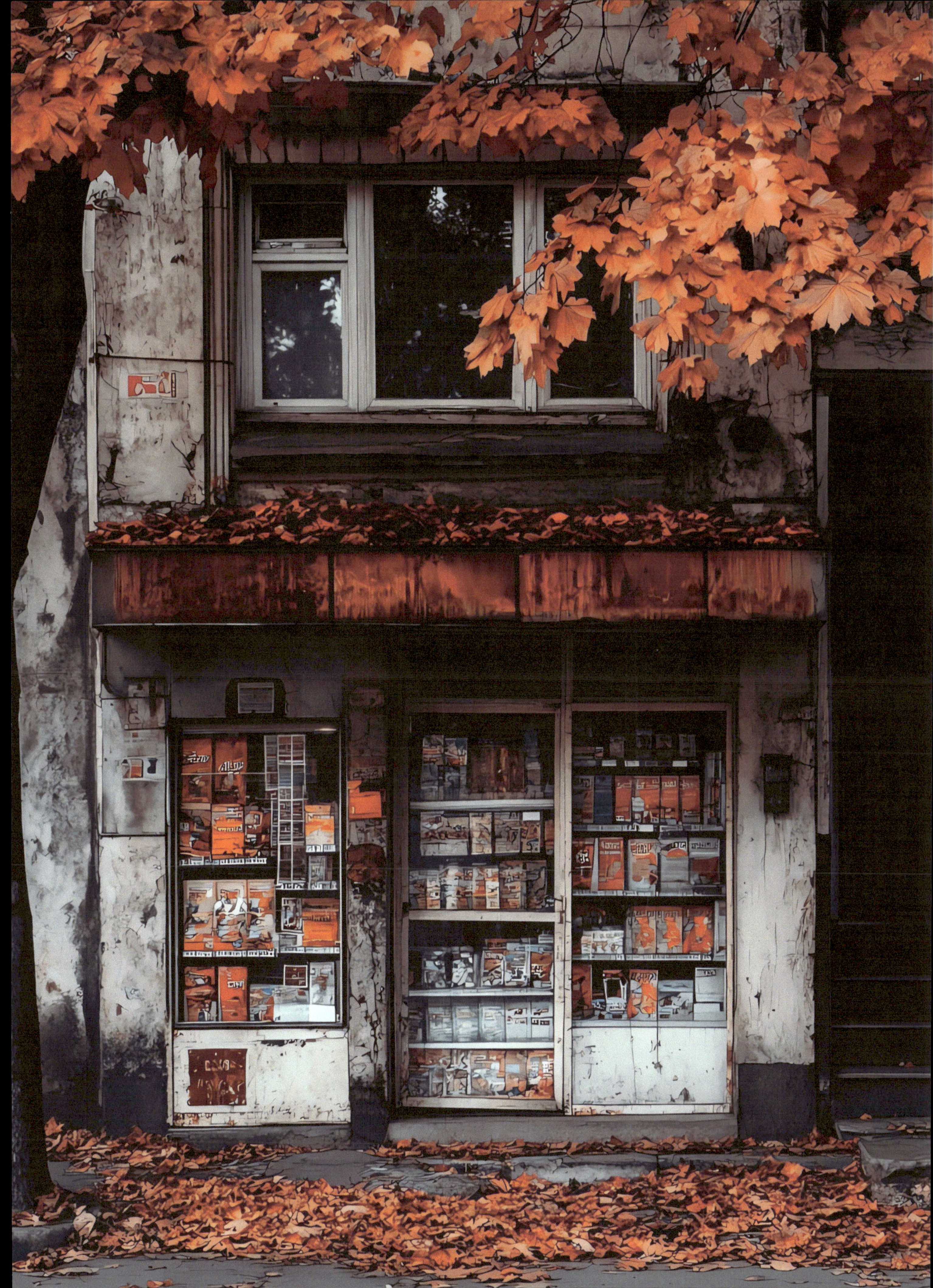

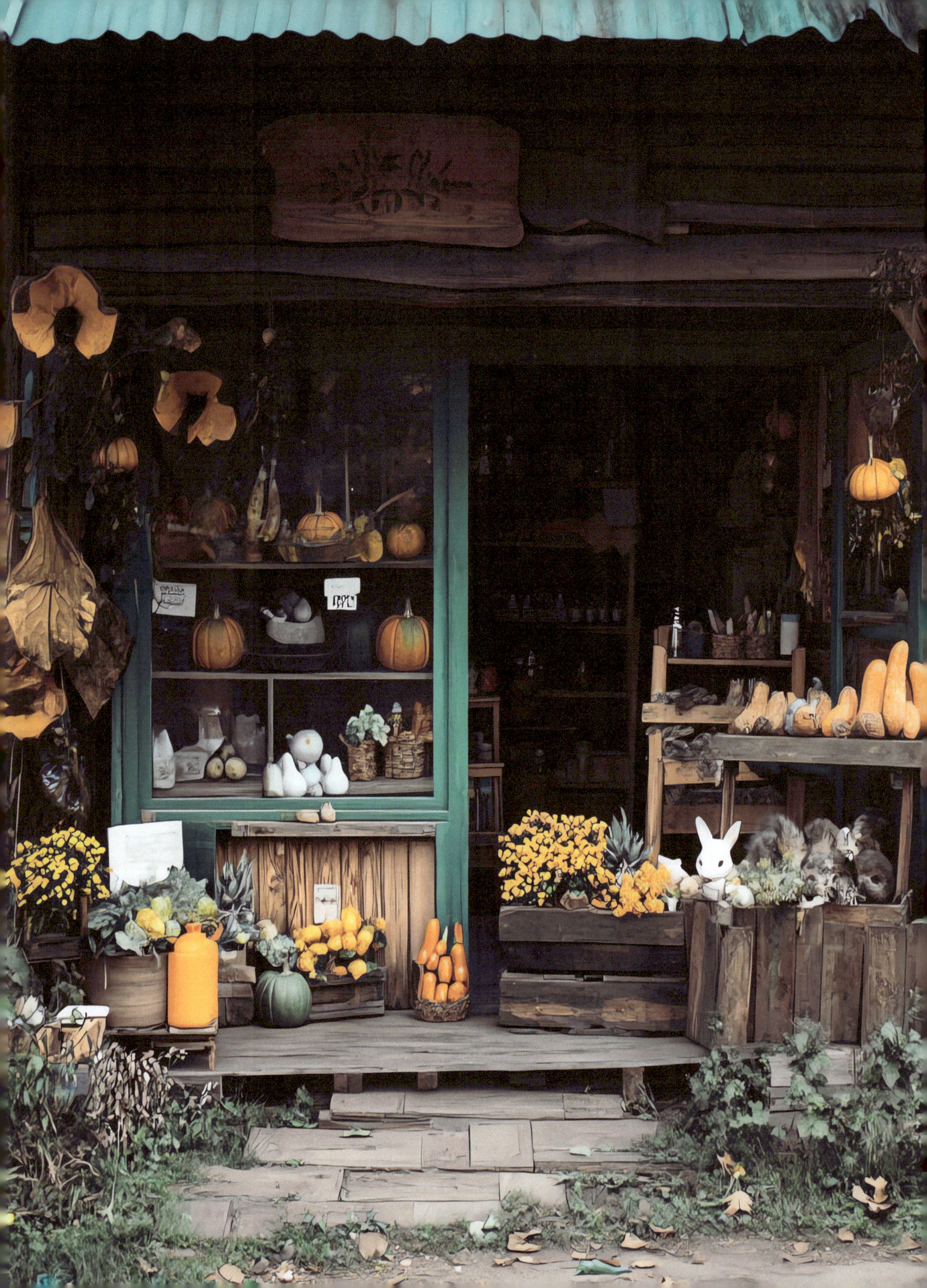

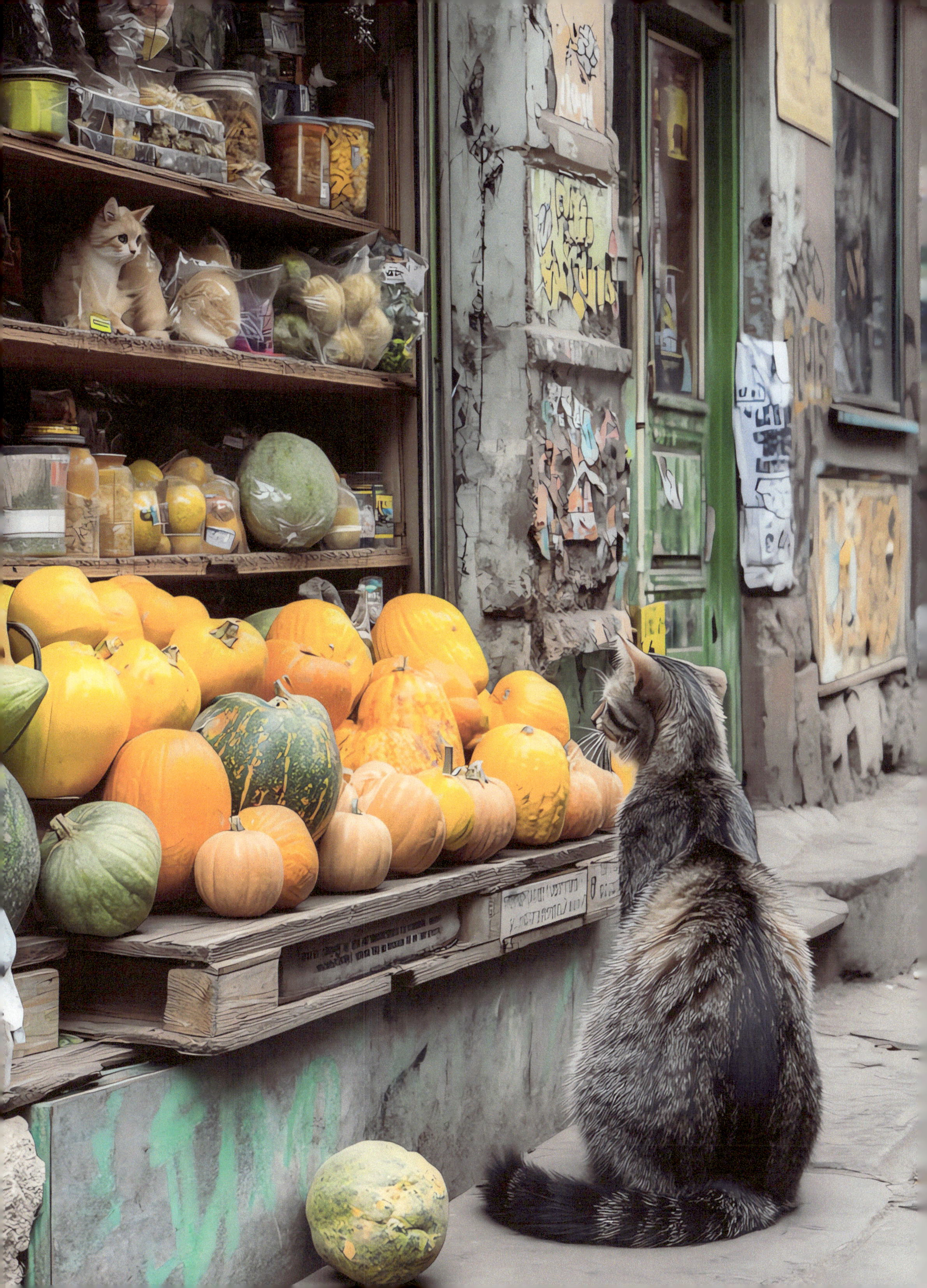

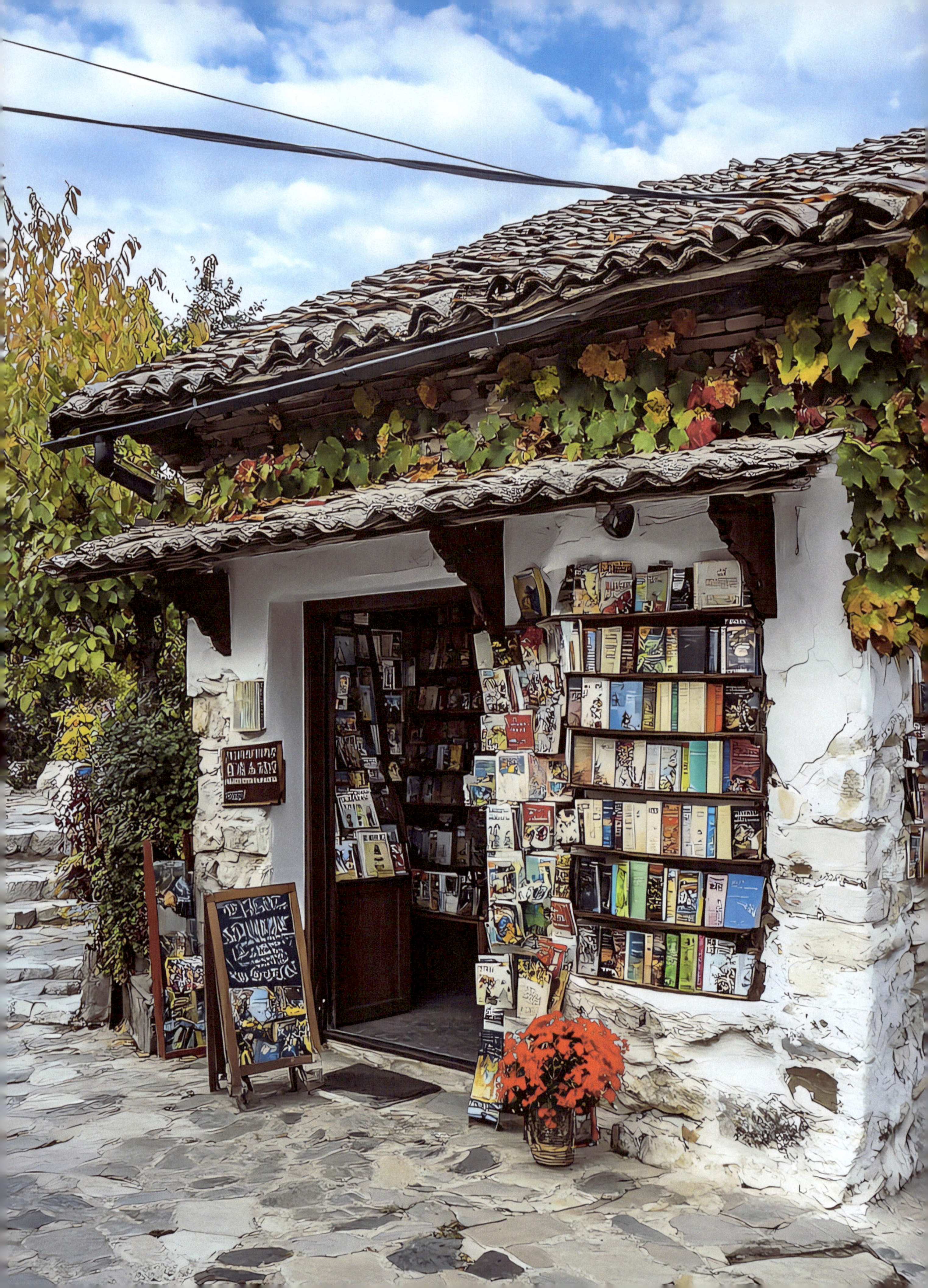

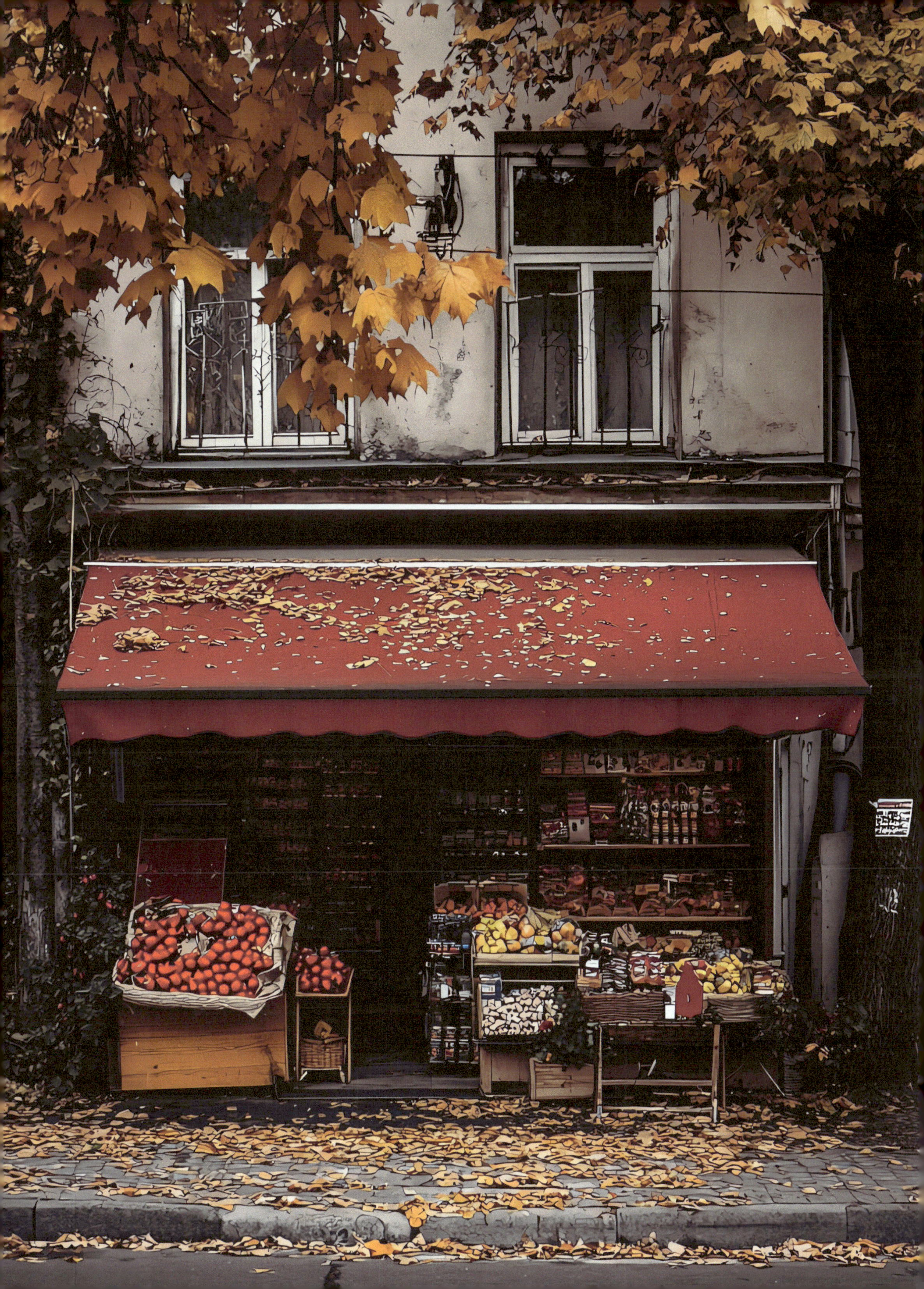

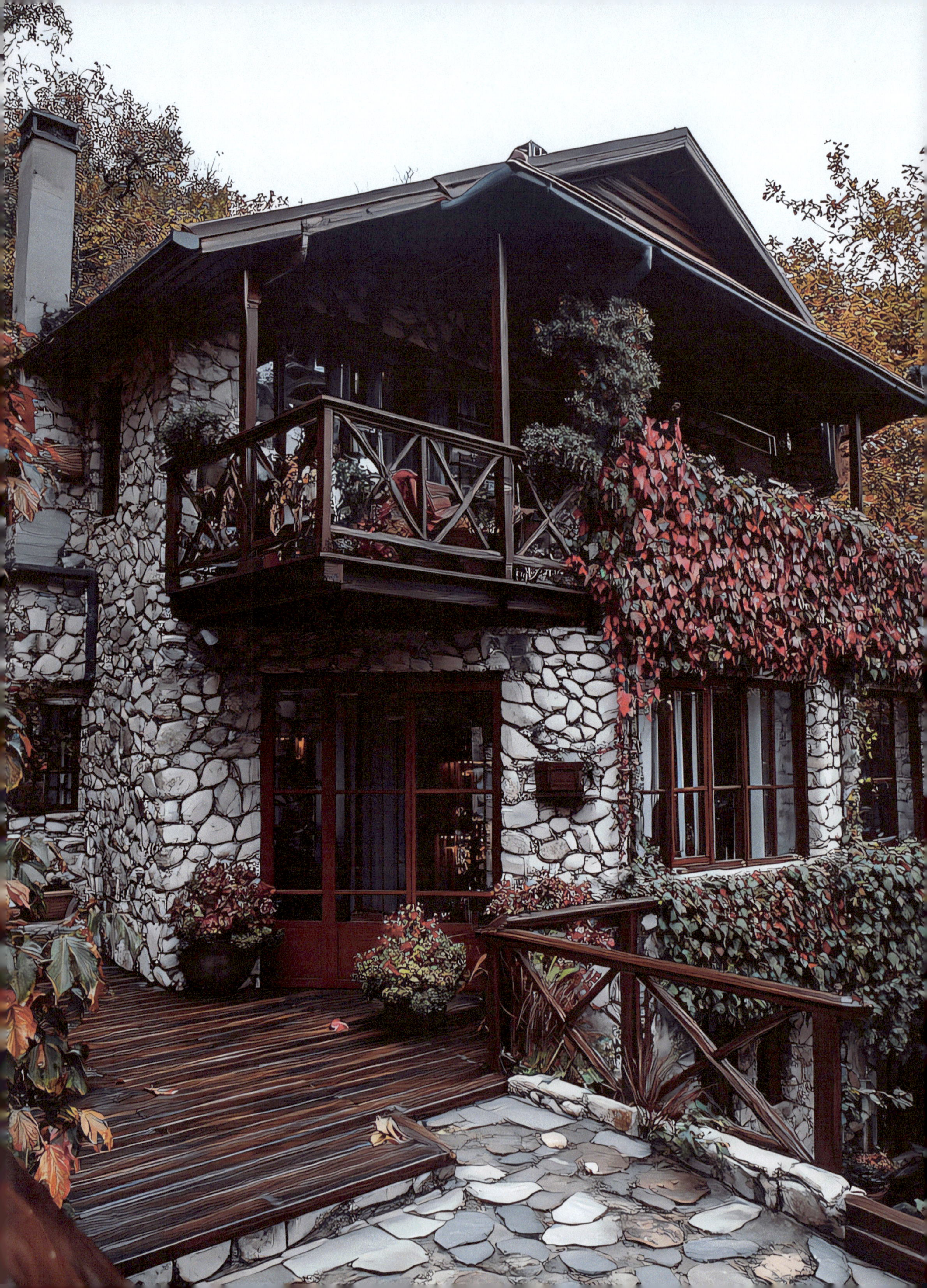

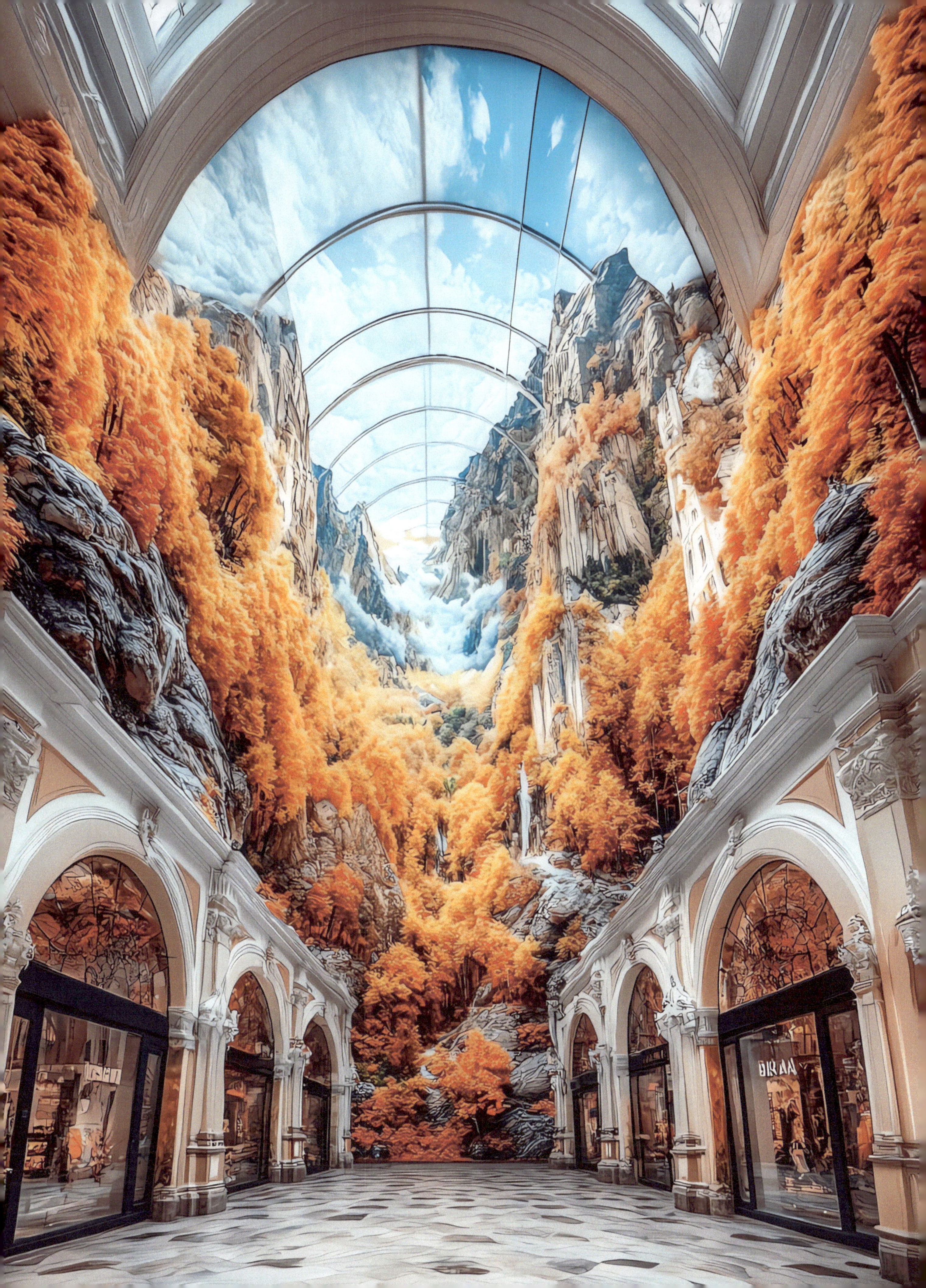

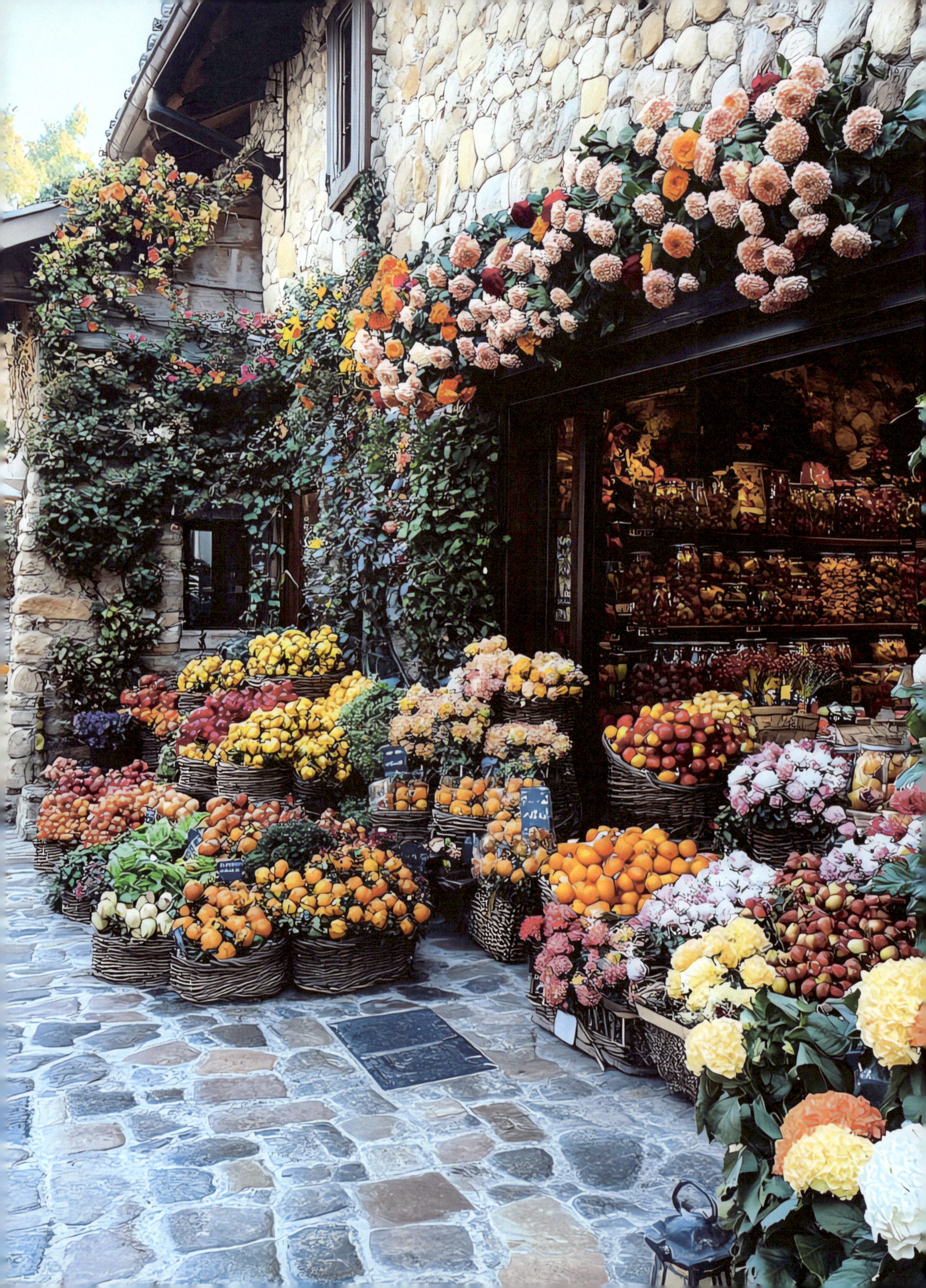

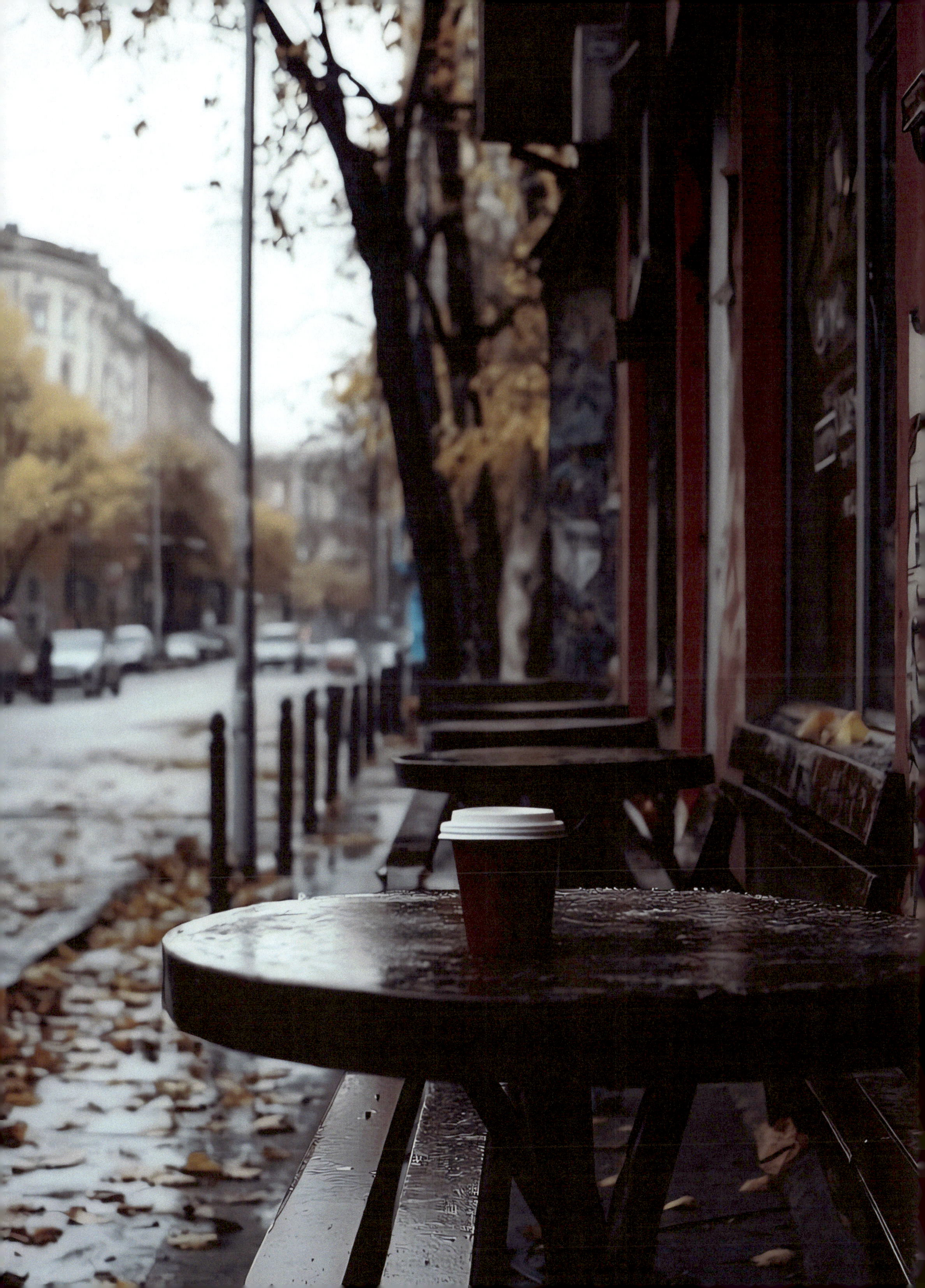

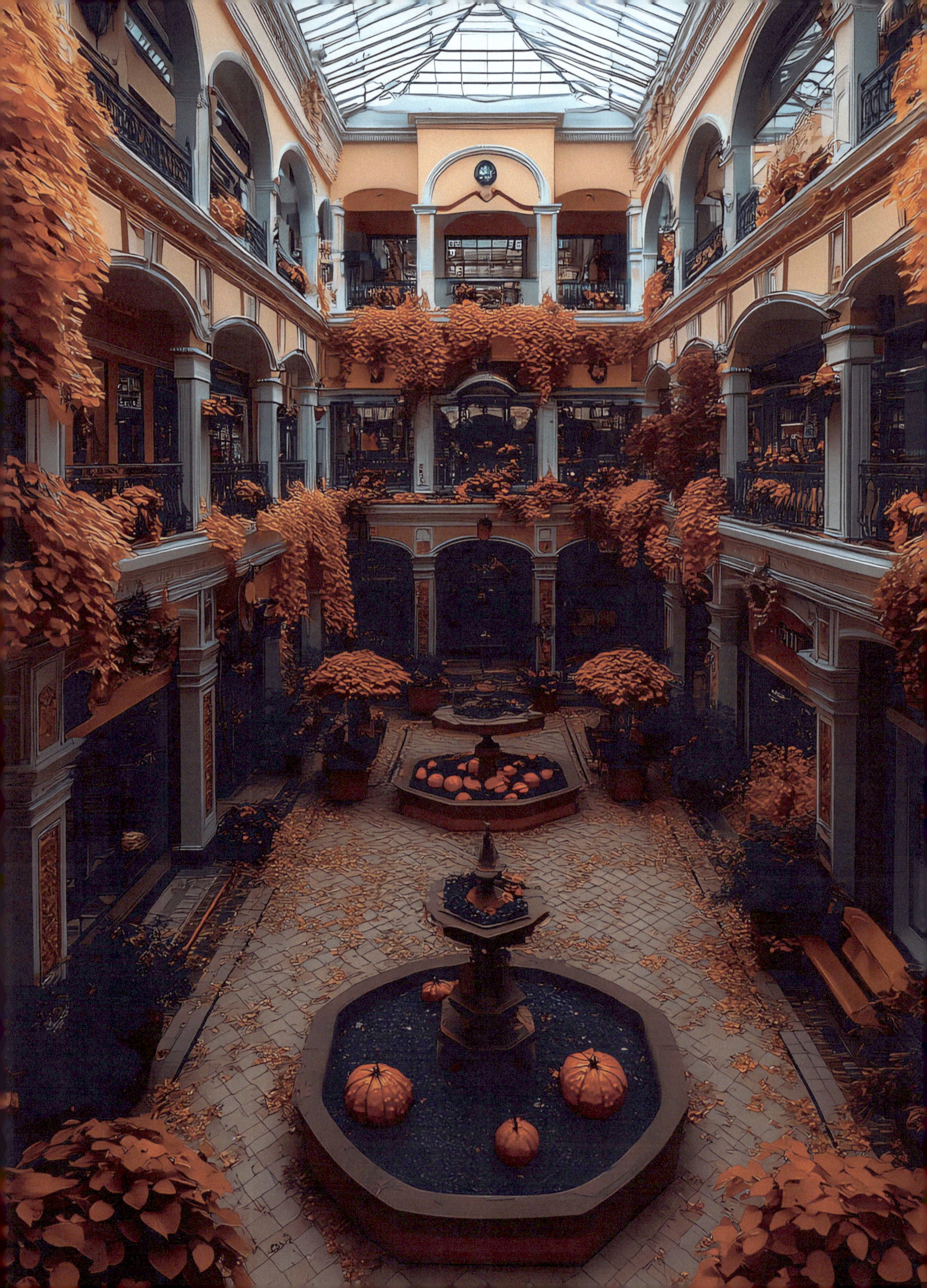

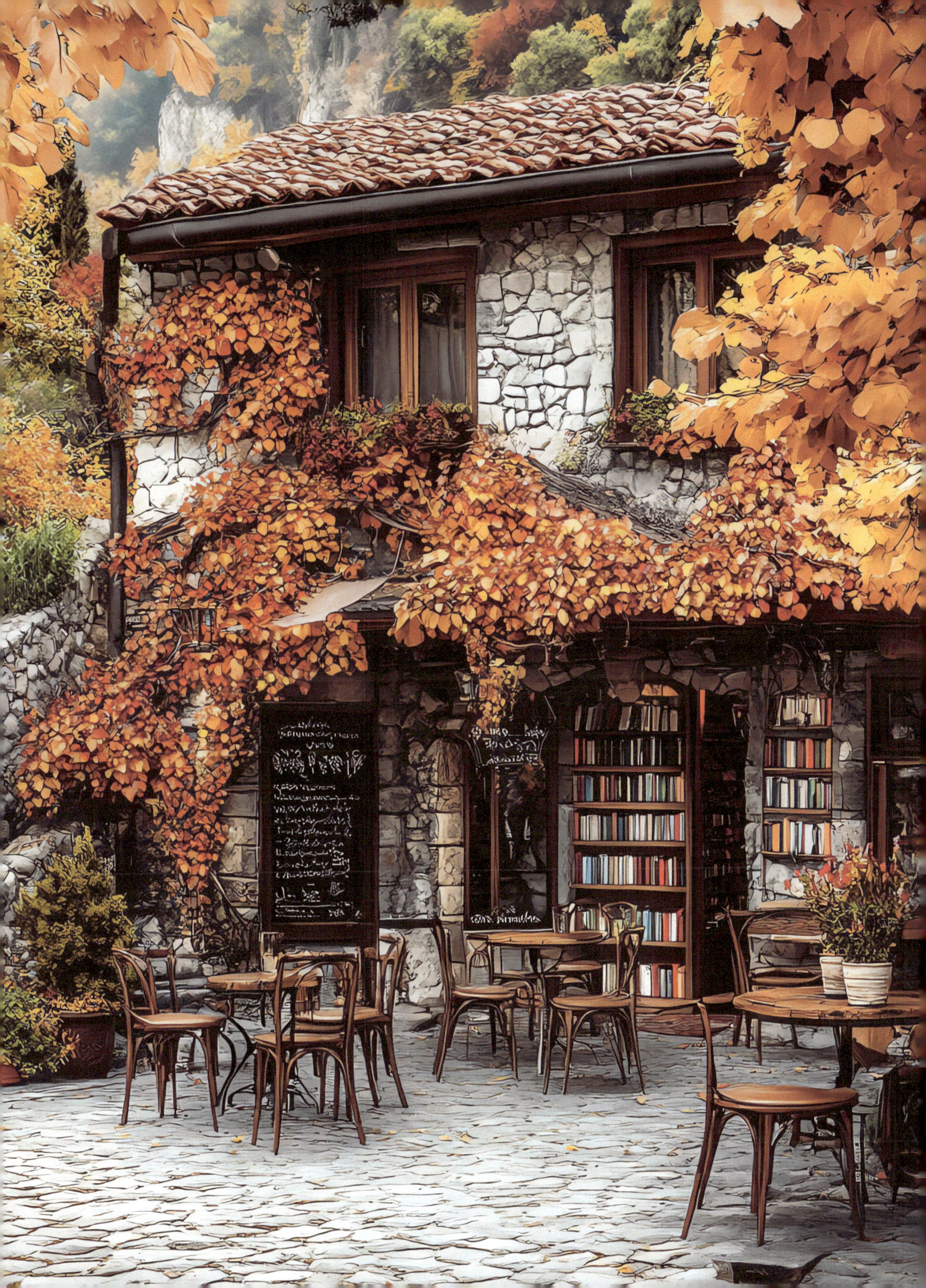

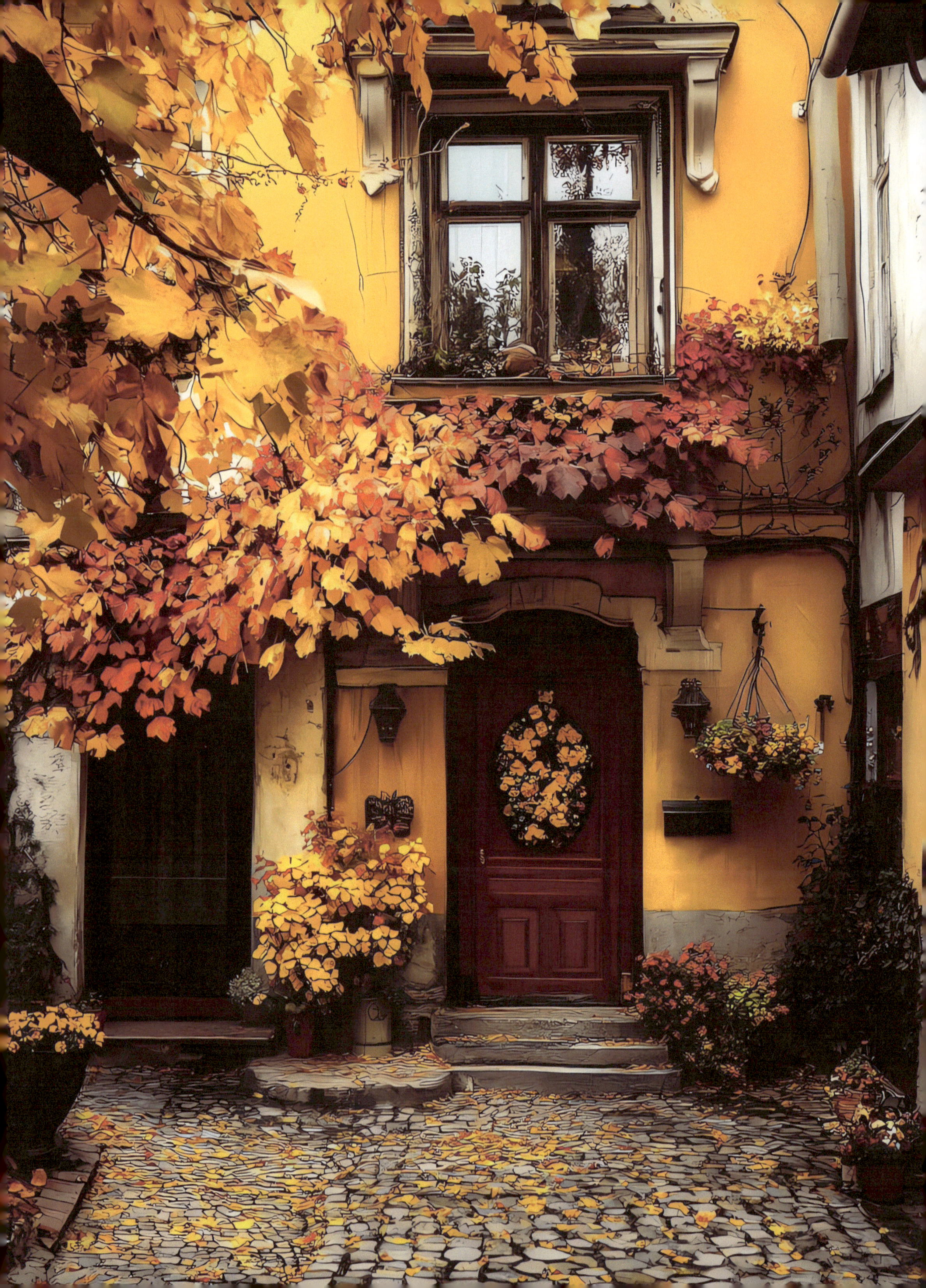

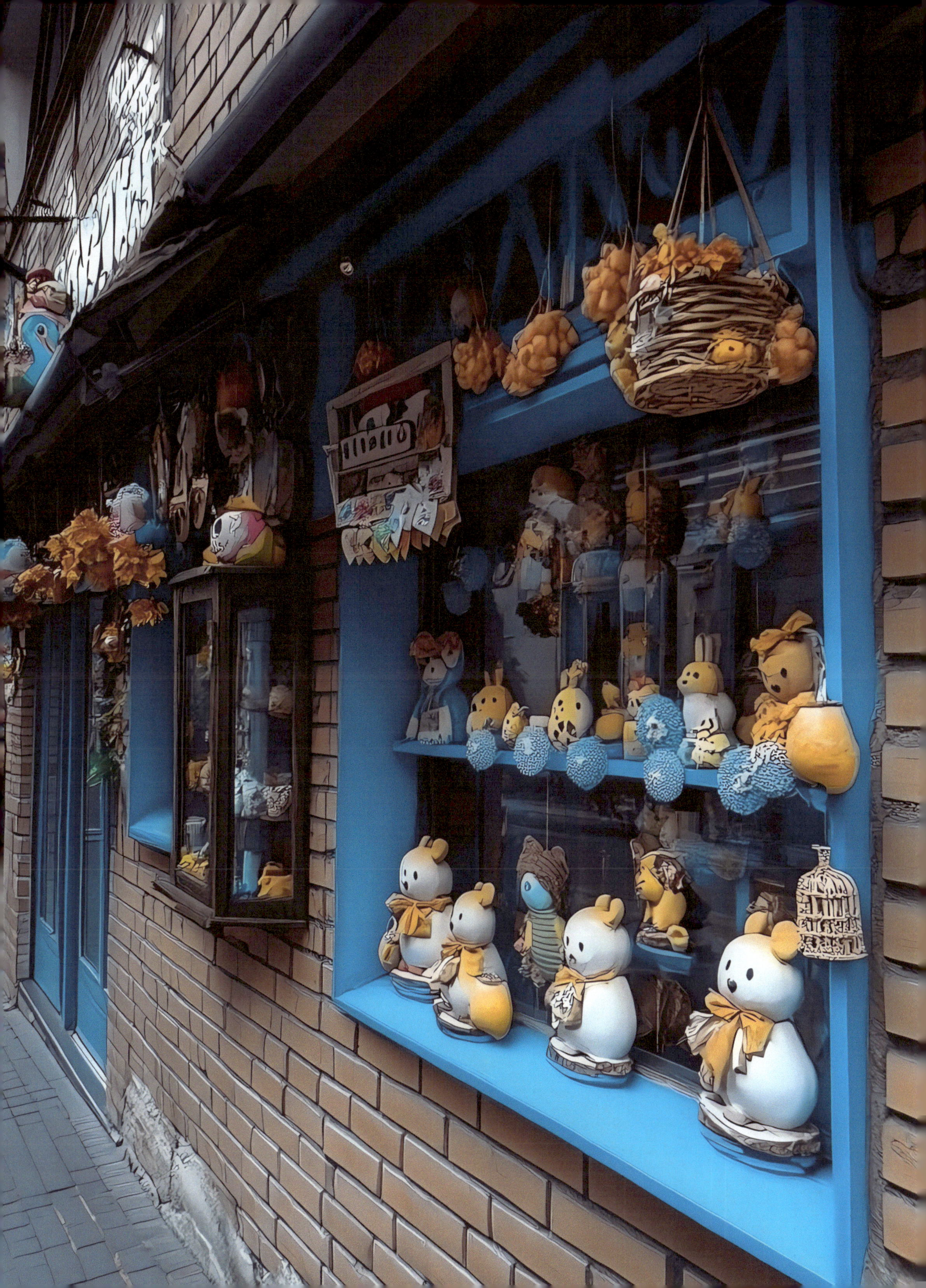

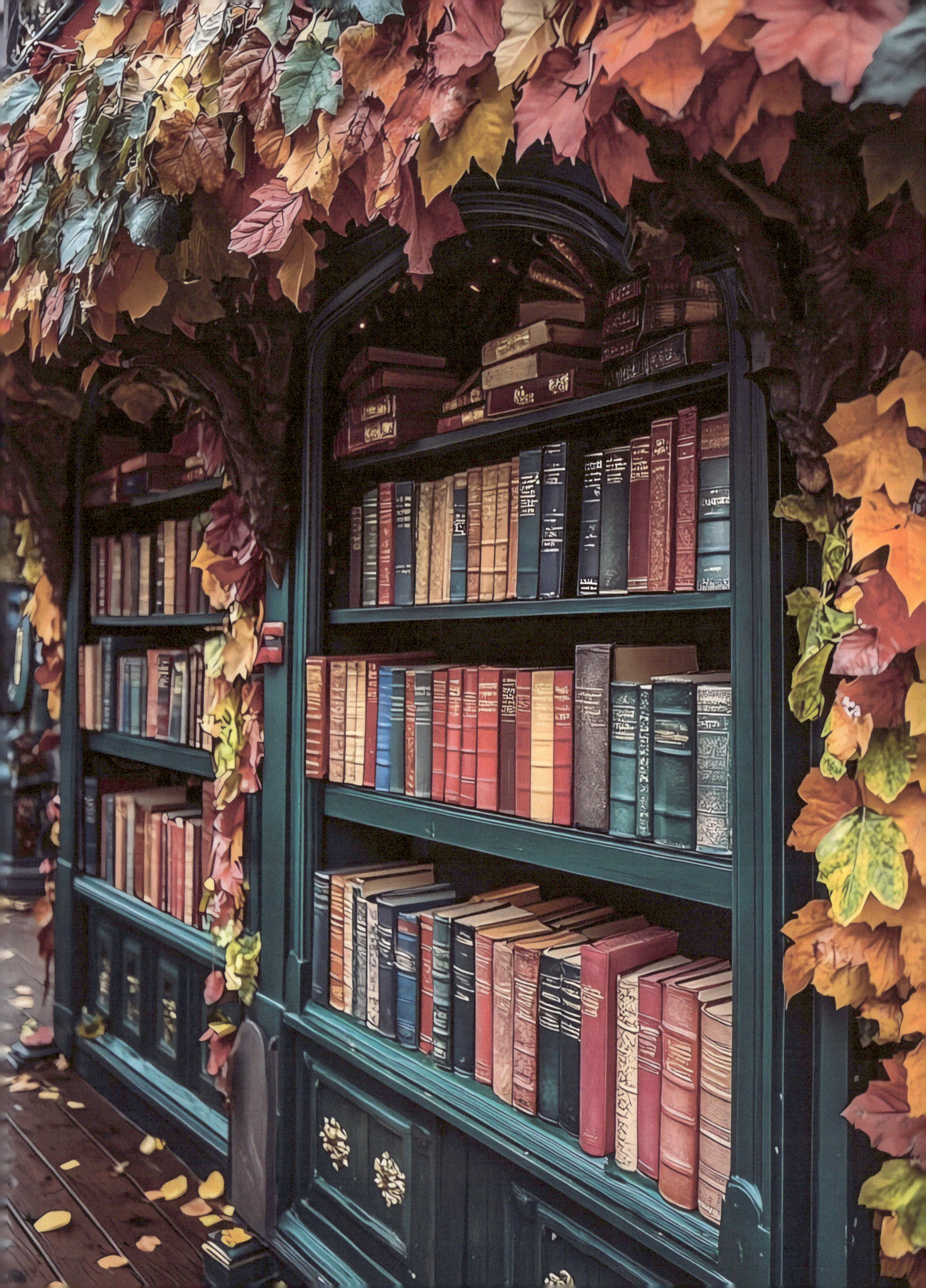

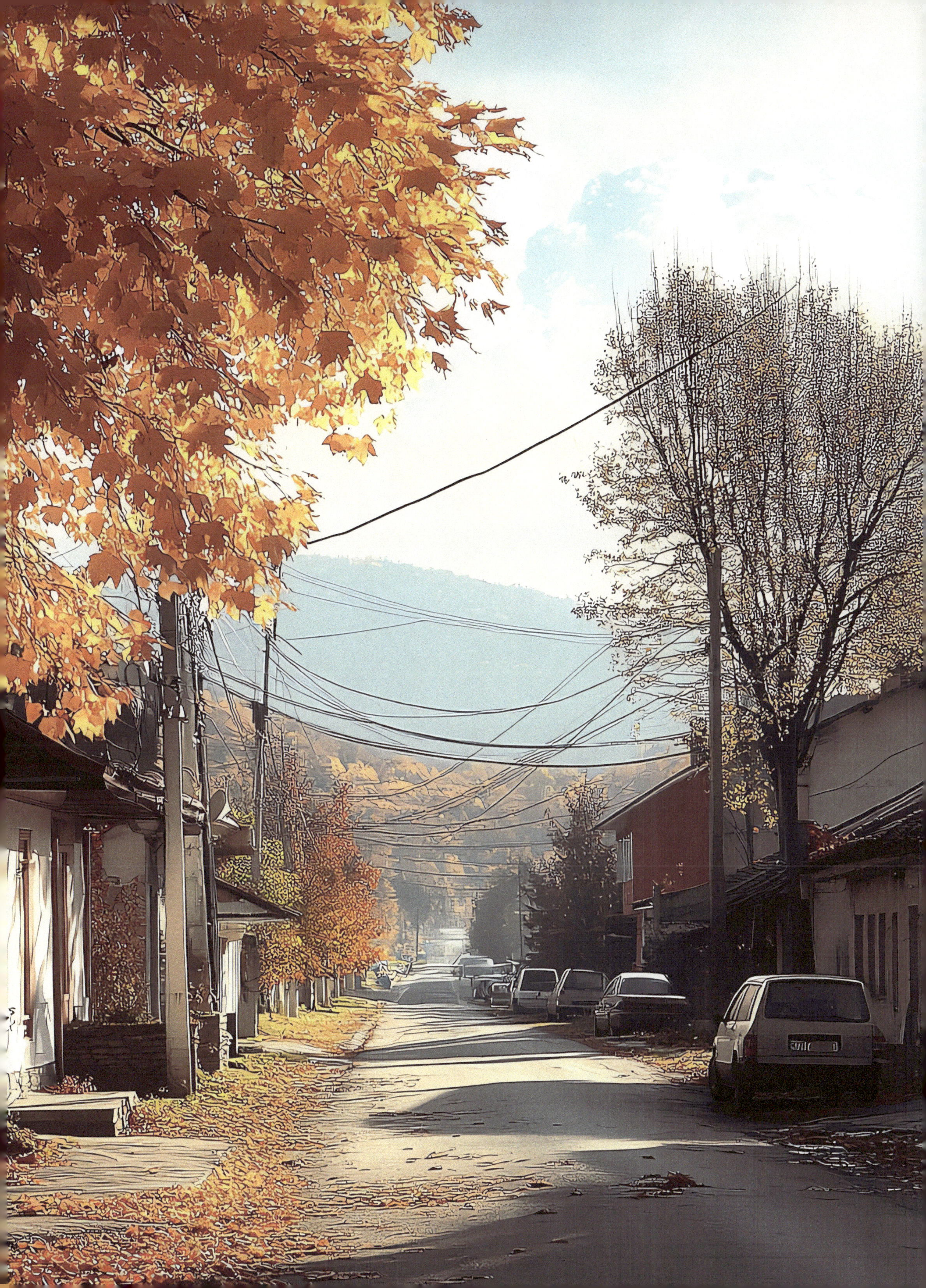

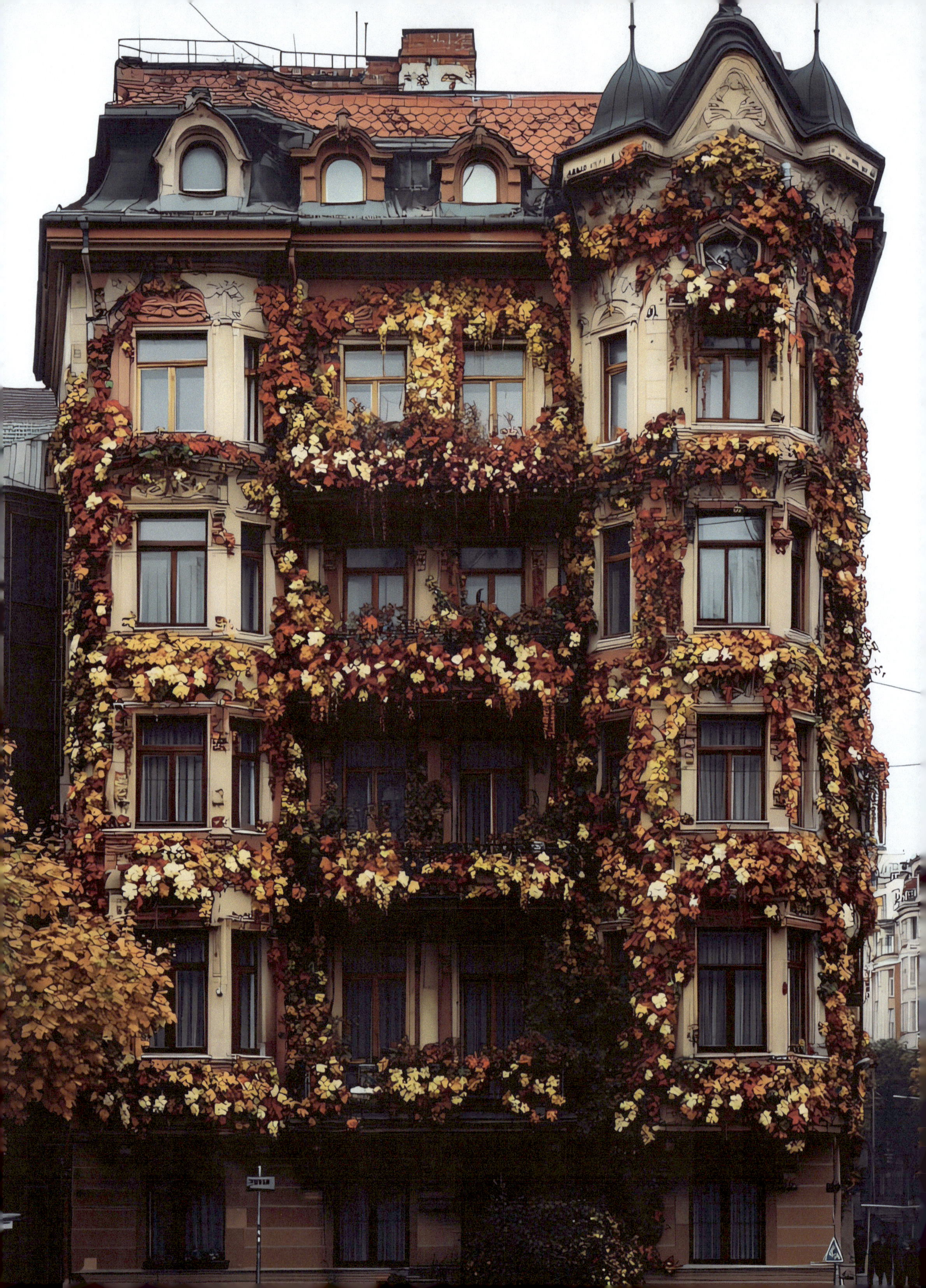